AQA German

A2

Exclusively endorsed by AQA

Peter Halstead
Jeannie McNeill
Claire Sandry
Paul Shannon

RAWN

hes

Published in 2009 by:
Nelson Thornes Ltd
Delta Place
27 Bath Road
CHELTENHAM
GL53 7TH
United Kingdom

10 11 12 13 / 10 9 8 7 6 5 4 3

A catalogue record for this book is available from the British Library

978-0-7487-9812-4

Artwork by Dylan Gibson

Page make-up by eMC Design, www.emcdesign.org.uk

Printed in China by 1010 Printing International Ltd

Contents

AQA introduction

Nelson Thornes has worked in partnership with AQA to ensure this book and the accompanying online resources offer you the best support for your A2 course.

All resources have been approved by senior AQA examiners so you can feel assured that they closely match the specification for this subject and provide you with everything you need to prepare successfully for your exams.

These print and online resources together **unlock blended learning**; this means that the links between the activities in the book and the activities online blend together to maximise your understanding of a topic and help you achieve your potential.

These online resources are available on **kerboodle!** which can be accessed via the internet at **http://www.kerboodle.com/live**, anytime, anywhere. If your school or college subscribes to this service you will be provided with your own personal login details. Once logged in, access your course and locate the required activity.

For more information and help visit **http://www.kerboodle.com**

Icons in this book indicate where there is material online related to that topic. The following icons are used:

🔆 *Learning activity*

These resources include a variety of interactive and non-interactive activities to support your learning.

✅ *Progress tracking*

These resources include a variety of tests that you can use to check your knowledge on particular topics (Testen Sie sich!) and a range of resources that enable you to analyse and understand examination questions (On Your Marks…).

🔖 *Study skills*

This icon indicates a linked worksheet (Arbeitsblatt), available online to print out, with activities to develop a skill that is key for language learning, such as expressing an opinion in a debate.

🎧 *Audio stimulus*

This indicates that audio material for listening activities can be found online.

🎙 *Audio record*

This indicates one of two types of tool that help you develop your speaking skills – either a free-speech recording tool that you can use with speaking activities, or an audio roleplay tool that enables you to interact with pre-recorded native speakers.

📺 *Video stimulus*

This indicates where audio-visual material can be found online to support listening and other activities.

🔍 *Research support*

These icons are found in the Cultural Topic and direct you to features that are designed to help you develop your research skills.

■ How to use this book

This book covers the specification for your course and is arranged in a sequence approved by AQA. The ten chapters are arranged in the same sequence as the topics and sub-topics in the AQA specification, so there is always a clear link between the book and the specification. At the beginning of each section you will find a list of learning objectives that contain targets linked to the requirements of the specification.

The features in this book include:

Wussten Sie schon?

An anecdotal insight into facts/figures relating to each sub-topic.

Zum Aufwärmen

An introductory feature designed as an accessible starter activity for each chapter.

Grammatik

Summary grammar explanations and examples, linked to online worksheets containing fuller explanations and exercises.

(A grammar section can also be found at the back of this book.)

Strategie

This 'skills' heading directs you to online worksheets that help build key language learning strategies.

Vokabeln

The most challenging new items of vocabulary from the reading texts on each spread are translated in these boxes.

Schlüsselausdrücke

Key words and phrases designed to give you prompts for productive tasks.

Testen Sie sich!

A summary quiz that tests key language learnt in each chapter (also available as a multiple-choice version online).

AQA Examiner's tips

Hints from AQA examiners to help you with your study and to prepare for your exam.

Recherchieren Sie!

Ideas for further research into the themes introduced in the cultural topic (chapter 10).

WebQuest

Web-based investigation tasks that explore some areas of the cultural topic in greater depth.

■ Web links in the book

As Nelson Thornes is not responsible for third party content online, there may be some changes to this material that are beyond our control. In order for us to ensure that the links referred to in the book are as up to date and stable as possible, the websites provided are usually homepages with supporting instructions on how to reach the relevant pages if necessary.

Please let us know at kerboodle@nelsonthornes.com if you find a link that doesn't work and we will do our best to correct this at reprint, or to list an alternative site.

A message to students

Congratulations on choosing to study a language to A2 Level – you have made a decision that will give you many opportunities in the future.

Good foreign language skills are in short supply and can be used in many different jobs. Translating, interpreting and the travel industry obviously require linguists, but so too do many other areas of employment – financial services, marketing, engineering, logistics and journalism to name just a few. Or maybe you will use your language skills and understanding of German culture to make your holidays more enriching and enjoyable. Either way, there are many benefits of learning one or more languages to an advanced level.

The new AQA specification in modern languages has been designed to provide a coherent and stimulating course of study, whether as an end in itself or as a stepping stone towards further study at university. The topics have been carefully chosen to enable clear progression and to address your needs and interests as A2 Level students.

In the examination you will be tested in the four essential skills of listening, reading, speaking and writing, including open-ended tasks that require you to express and justify opinions. You will also be tested on your understanding and application of German grammar and structures. In addition, the A2 course gives you the opportunity to explore a variety of themes relating to German culture. This book presents in chapter 10 two contrasting case studies for each of five themes specified by AQA. You can use these studies as starting points for your own research.

This course with its innovative online component has been compiled by experienced teachers and examiners to help you to prepare for the examination with confidence and make the most of your abilities.

The book is clearly laid out to match the topics and sub-topics in the AQA specification. Each sub-topic is presented through a range of texts, recordings and visual material, with new vocabulary introduced and highlighted where appropriate. Essential grammar points are explained clearly and 'skills' features direct students to online support that gives guidance on how to use the language like a native speaker. Open-ended speaking and writing tasks enable you to apply the new vocabulary and structures that you have learnt, including some more challenging tasks designed to extend your skills.

The online component provides additional stimulus material and support for activities in the book, as well as a range of interactive exercises and printable worksheets which you can use both independently and in class. The exercises provide plenty of practice of the grammar and structures presented in the book, together with topic-based activities that will help you prepare for the question types used in Units 3 and 4 of the examination. At the end of each sub-topic you will be able to test yourself through a multiple-choice quiz, focusing again on key vocabulary and structures, and at the end of each topic exam-style questions help you to practise answering the types of questions you can expect in the examination. A new feature for A2 is the inclusion of WebQuests, web-based investigative tasks, within the cultural topic. The WebQuests will enable you to use the internet in a structured way to explore those aspects of German culture that interest you most.

AQA and Nelson Thornes hope that you will find your language study rewarding and enjoyable, and we wish you success for A2 and beyond.

Paul Shannon

AQA Senior Examiner

Unsere Umwelt

1 Umweltverschmutzung

By the end of this chapter you will be able to:

	Language	Grammar	Skills
A **Ursachen und Auswirkungen**	■ Discuss types, causes and effects of pollution	■ Use fixed and dual case prepositions	
B **Umweltfreundlich unterwegs?**	■ Describe the effects of transport on the environment		■ Translate the English gerund into German
C **Was kann man dagegen tun?**	■ Evaluate measures to reduce pollution ■ Discuss individual versus collective responsibilities and actions	■ Manipulate verbal and idiomatic phrases with prepositions	

■ Wussten Sie schon?

Trends und Perspektiven

‚Atmosfear': eine neue Nervosität angesichts der Verschmutzung von Luft, Wasser und Nahrungsmitteln.

Leiden deutsche Jugendliche unter ‚atmosfear'? Laut einer Greenpeace-Umfrage ist das Interesse an der globalen Erwärmung bei deutschen Jugendlichen im Alter zwischen 14 und 29 Jahren stark gestiegen. Nach wie vor ist auch der Müll und seine Entsorgung ein bedeutendes Thema, sowie das Problem des Atommülls. Weniger diskutiert wird Wasserverschmutzung. 61% der Befragten finden, dass das Thema Umweltschutz im Unterricht nicht ausreichend angesprochen wird.

■ Zum Aufwärmen

SOS Erde! Erraten Sie jeweils die richtige Zahl.

1 Umweltschützer schätzen, dass jährlich bis zu …
- a 50 000
- b 100 000
- c 200 000

… Tonnen Öl illegal von Schiffen in die Nordsee gelangen.

2 Wissenschaftler befürchten, dass bis 2050 wegen Umweltverschmutzung und Klimawandel …
- a ein Fünftel
- b ein Viertel
- c ein Drittel

… aller Tier- und Pflanzenarten aussterben könnten.

3 Heute atmen wir schon …
- a 10%
- b 20%
- c 30%

… mehr CO_2 ein als die Menschen vor 150 Jahren.

4 Wenn es keine Reduktion der CO_2-Emissionen gibt, wird vorausgesagt, dass es in …
- a 50
- b 120
- c 200

… Jahren in den Alpen so gut wie gar keine Gletscher mehr geben wird.

5 Ein Flug von Deutschland in die Karibik erzeugt …
- a halb so viel
- b genau so viel
- c doppelt so viel

… CO_2 wie ein ganzes Jahr Autofahren.

Ursachen und Auswirkungen

Vokabeln

die Autoabgase *(exhaust) fumes*

die Feinstaubpartikel(-) *particulate matter*

der Luftschadstoff(-e) *airborne, atmospheric pollutant*

das Dauergift(-e) *persistant organic pollutant (POP)*

die Müllverbrennungsanlage(-n) *waste incineration plant*

in die Nahrungskette gelangen *to enter the food chain*

das Schwefeldioxid *sulphur dioxide*

das Stickoxid(-e) *nitric oxide*

fossile Brennstoffe *fossil fuels*

das Kohlendioxid *carbon dioxide*

das Treibhausgas(-e) *greenhouse gas*

der Meeresspiegel *sea-level*

der Sauerstoff *oxygen*

das Quecksilber *mercury*

sich anreichern in (+ dative) *to accumulate in*

sich entsorgen lassen *to be disposed of*

der Sondermüll *hazardous waste*

1 Beschreiben folgende Begriffe Ursachen oder Auswirkungen der Umweltverschmutzung? Machen Sie zwei Listen und ordnen Sie dann jeder Auswirkung eine Ursache zu.

Öl von Tankerunfällen

Ozonloch

das Treibhausgas FCKW*

Klimawandel, Überschwemmungen, Dürre

CO_2-Emissionen

Ölverschmierte Seevögel

*Fluorchlorkohlenwasserstoff = CFC

Verschmutzte Luft

Unsere Luft wird von allen Seiten bedroht.

Autoabgase belasten die Luft in Städten mit Feinstaubpartikeln. Zunehmende Allergien und Asthma bei Kindern sind wohl auf diese Belastung zurückzuführen.

Luftschadstoffe sind auch ein internationales Problem. Dioxine und andere Dauergifte aus Müllverbrennungsanlagen und der Chemieindustrie werden durch Luftströmungen über den gesamten Globus verteilt. So gelangen sie auch in Polarregionen in die Nahrungskette und gefährden dort wie hier die Gesundheit von Menschen und Tieren. Sie sind krebserregend und wirken sich auf den Hormonhaushalt des Menschen aus.

Der sogenannte saure Regen wird ebenfalls um die Erde transportiert. Er entsteht aus Schwefeldioxid und Stickoxiden von Kraftwerken, Fabriken und Straßenverkehr. Das Ergebnis: Waldsterben und versauerte Gewässer.

Durch die Verbrennung fossiler Brennstoffe in Kraftwerken und Fahrzeugen gelangen Kohlendioxid und andere Treibhausgase in die Luft. Laut Klimaexperten sind diese Abgase die Hauptursache der Erderwärmung. Die Folgen sind enorm: Naturkatastrophen, schmelzende Eiskappen und ein steigender Meeresspiegel schädigen schon heute Ökosysteme und die Lebensgrundlage von Millionen Menschen.

Verseuchtes Wasser

Die Weltmeere bedecken gut zwei Drittel der Erdoberfläche und sind Lebensraum unzähliger Pflanzen und Tiere. Das maritime Ökosystem ist nun aber ernsthaft gefährdet.

Rund drei Millionen Tonnen Öl fließen jährlich von Bohrplattformen, Schiffen (illegale Abgabe) und Tankerunfällen in die Weltmeere. Das Ergebnis sind verunreinigte Strände und zahllose verölte Meerestiere, die grausam zugrunde gehen.

Stickoxide aus der Landwirtschaft (Düngemittel) und Phosphate aus Haushaltsabwässern (Waschpulver) erzeugen Algenteppiche in Flüssen und Meeren. Diese Verseuchung im Wasser hat zur Folge, dass Licht und Sauerstoff immer knapper werden, was wiederum zu einem Massensterben von Flora und Fauna führt.

Weniger augenfällig als die Verseuchung durch Öl und wachsende Algenteppiche sind Dauergifte wie Schwermetalle, PCBs* und Pestizide wie DDT. Schuld daran sind die Industrie und die Landwirtschaft, sowie gewissenlose Schiffsführer, die Abfälle ins Meer kippen. Quecksilber und DDT reichern sich so stark in den Körpern vieler Wale an, dass sie sich nur noch als Sondermüll entsorgen lassen.

* **p**oly**c**hlorierte **B**iphenyle

2 a 💡 Lesen Sie die beiden Texte über Umweltverschmutzung und machen Sie die Aufgaben online.

b Beantworten Sie folgende Fragen.

i Warum treten Allergien bei Kindern immer häufiger auf?

ii Wie wirken sich Dauergifte auf die Gesundheit aus?

iii Was sind die Ursachen und Folgen des sauren Regens?

iv Welche drei Beispiele von Luftverschmutzung werden erwähnt?

v Was verursacht die globale Erwärmung?

vi Was wird von Schiffen illegal in die Weltmeere gekippt?

vii Warum sterben Fische, wenn sich Algenteppiche bilden?

viii Warum muss man gestrandete Wale manchmal als Sondermüll entsorgen?

3 a 🎧 Hören Sie sich drei Radiomeldungen über Umweltverschmutzung an. Welche Radiomeldung gehört zu welcher Schlagzeile?

i **Auspuffgase verschlechtern die Luftqualität**

ii **Kalkdusche gegen saure Böden**

iii **Ölverseuchung bedroht Nordsee-Vögel**

b 🎧 Hören Sie noch einmal zu und ergänzen Sie die Sätze mit den Wörtern im Kasten rechts.

i ___ Vögel sind wohl ___ worden.

ii Es gibt so viele ___ Seevögel, dass man einige davon in ___ behandeln muss.

iii Der Anteil an ___ in der Luft lag um ___ zu hoch.

iv Schadstoffe von ___ und ___ haben sich ___ der Wetterlage in der Atmosphäre angereichert.

v In ___ sterben Bäume, weil ___ sauren Regen ___ .

vi Das ___ , wobei man ___ von einem ___ auf die Wälder abwirft, kostet fast ___ Euro.

vii Mit Kalk kann man das ___ wenigstens ___ .

4 💡 Graffiti und Abfälle auf der Straße? Lärmbelästigung? Pestizide in Lebensmitteln? Von welcher Art von Umweltverschmutzung fühlen Sie sich persönlich betroffen? Diskutieren Sie zu zweit.

5 💡 Schreiben Sie einen Blog für eine deutsche Umweltwebseite, in dem Sie sich über die Umweltverschmutzung in Ihrer unmittelbaren Umgebung beschweren.

6 Versuchen Sie das Multimedia-Klima-Quiz von Mission Blue Planet auf der Webseite www.quiz.mission-blue-planet.com.

💡 **Grammatik**

Fixed and dual case prepositions

■ Some German prepositions **only take the accusative or only the dative**:

Dauergifte werden **um die** Erde transportiert. (um – accusative)
Stickoxide **aus der** Landwirtschaft erzeugen Algenteppiche. (aus – dative)

■ Other prepositions **take either the accusative or the dative**, depending on whether motion/direction or position is being described:

CO_2 gelangt **in die** Luft. (accusative – **into** the air)
Es gibt viele Feinstaubpartikel **in der** Luft. (dative – **in** the air)

Hessen — Auspuffgase — verseuchte — verlangsamen — verursachen — 150 000 — Flugzeug — Kalk — Holland — Feinstaubpartikeln — wegen — verölt — 10 000 — 50% — Heizungsanlagen — Waldsterben — Waldschutzprojekt — Straßenverkehr

■ **Schlüsselausdrücke**

Causes

Das ist auf (+ accusative) ... zurückzuführen.
Das ensteht aus (+ dative) ...
Hauptursache für ... ist/sind ...
Schuld daran ist/sind ...
Das hängt mit (+ dative) ... zusammen.
Das hat mit (+ dative) ... zu tun.
aufgrund/wegen/infolge (+ genitive)

Effects

Das Ergebnis: ...
Das hat zur Folge, dass ...
Das führt zu (+ dative) ... /Das führt dazu, dass ...
Das bedeutet ...
..., so dass ...
Das bringt ... mit sich.
Die Folgen/Auswirkungen sind enorm.
Das hat schlimme/drastische Auswirkungen auf ...

> Wir haben uns jetzt auch Fahrräder gekauft, wegen der Umwelt!

1   Worum geht es? Besprechen Sie den Cartoon zu zweit oder in der Klasse.

2   a   Lesen Sie diesen Text.

Verkehr bewegt uns alle!

Wir haben drei junge Leute in München gefragt: Sind Sie umweltfreundlich unterwegs?

Franziska Schröder Ich bin begeisterte Radfahrerin. Das ist CO_2-neutral, spart Geld und macht auch fit! Es ärgert mich wirklich, dass so viele Leute mitten in der Stadt dicke Geländewagen fahren, besonders da ich an Asthma leide. Ich glaube, man ist verantwörtlich dafür, umweltfreundlich zu reisen. Es geht darum, das Auto bewusst einzusetzen, also nicht mit dem Auto zum Briefkasten um die Ecke zu fahren. Es gibt zwar viele klimaschonende Initiativen in meiner Stadt, die den Autoverkehr reduzieren sollen, z.B. Mitfahrzentralen, autofreie Aktionstage usw., aber ehrlich gesagt glaube ich, dass ein totales Autoverbot im Stadtzentrum eine bessere Lösung wäre.

Catrin Scholz Ich will und kann nicht auf mein Auto verzichten! Es ist so praktisch und bequem, sich einfach reinzusetzen und loszufahren. Natürlich weiß ich, dass die öffentlichen Verkehrsmittel umweltfreundlicher sind – für mich sind sie aber zu teuer, unpünktlich und unflexibel. Außerdem denke ich: Was würde mein kleiner Beitrag schon im Kampf gegen eine weltweite Klimakatastrophe helfen? Die Umwelt ist ja sowieso zerstört. Was bringt das schon, wenn ich ein paar Kilometer mit der Bahn statt mit dem PKW fahre, wenn anderswo riesige Kraftwerke Unmengen CO_2 in die Luft blasen? Oder wenn ich zum Beispiel als Einzelne auf eine günstige Fernreise mit einem Billigflieger verzichte, weil ich mir Gedanken darüber mache, wie viel CO_2 ich dabei produziere? Das Flugzeug fliegt sowieso, egal ob ich dabei bin oder nicht.

Bruno Kaufmann Ich würde mich als ziemlich umweltbewusst beschreiben. Ich bin Student und fahre immer mit der Bahn zur Uni. Mein Auto benutze ich nur, wenn ich keine andere Möglichkeit habe, beispielsweise für einen Großeinkauf, denn zu Fuß oder per Fahrrad ist mir das zu mühselig. Ansonsten vermeide ich vor allem das Fliegen – weil das ja der Umweltfeind Nummer Eins ist – indem ich Ferienziele wähle, die ohne Flugzeug erreichbar sind. Innerhalb Deutschlands oder in die Nachbarländer fahre ich immer mit der Bahn.

Vokabeln

der Geländewagen(-) *four-by-four, off-road vehicle*

bewusst einsetzen *to use sensibly*

die Lösung(-en) *solution*

verzichten auf (+ accusative) *to do without*

Was bringt das schon, wenn ich ... *What's the use/point of me ...*

der PKW(-s)/ Personenkraftwagen(-) *car*

das Kraftwerk(-e) *power station*

Unmengen (slang) *massive amounts of*

als Einzelne *as an individual*

sich (dative) Gedanken machen über (+ accusative) *to worry about*

b   Suchen Sie im Text Synonyme für die folgenden Ausdrücke.

   i   ohne Kohlendioxid-Ausstoß
   ii   es nervt mich sehr
   iii   den Pkw vernünftig zu benutzen
   iv   ohne meinen Pkw auskommen
   v   ein billiger Langstreckenflug
   vi   Fluggesellschaft, die preiswerte Flüge anbietet
   vii   anstrengend, schwierig
   viii   Urlaubsdestinationen

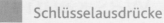

c Beantworten Sie die Fragen auf Englisch.

　i　Why does Franziska like cycling?

　ii　What does she get annoyed about?

　iii　How would she reduce traffic in the city centre?

　iv　When does Bruno use his car?

　v　Why are his holiday choices good for the environment?

　vi　Why does Catrin avoid using public transport?

　vii　What two examples does she give to support her view that individual actions make no difference?

3 　Besprechen Sie folgende Fragen in der Klasse.

- Sind Sie umweltfreundlich unterwegs? Wie fahren Sie in die Schule/in die Stadt/in Urlaub?

- Was sind Ihrer Meinung nach die Vor- und Nachteile der verschiedenen Verkehrsmittel?

- Wie oft fliegen Sie? Was halten Sie vom Fliegen? Und von Billigfliegern?

- Was für Initiativen zur Einschränkung des Autoverkehrs gibt es bei Ihnen?

4 a　 Hören Sie sich die drei Werbespots zum Thema „Klimafreundliche Verkehrslösungen" an und machen Sie die Aufgaben online.

b　 Beantworten Sie folgende Fragen.

　i　Was sind die Vorteile des Mitfahrens für Fahrer und Mitfahrer? Und für die Umwelt?

　ii　Warum ist das Car-Sharing für viele Leute ökonomisch sinnvoller als der Besitz eines eigenen Autos?

　iii　Wie funktioniert das Car-Sharing? Erklären Sie das in Ihren eigenen Wörtern.

　iv　Welche zwei klimaschonende Initiativen der Migros werden erwähnt?

5 　Bereiten Sie zu zweit Ihren eigenen Werbespot für eine klimafreundliche Verkehrslösung vor. Machen Sie eine Tonaufnahme oder führen Sie das der Klasse vor.

6 a　 Übersetzen Sie die Sätze auf dem Arbeitsblatt ins Deutsche.

b　Schreiben Sie einen kurzen Bericht (ca. 200–250 Wörter) zum Thema: „Umweltfreundlich unterwegs in unserer Gesellschaft: ein unerreichbarer Traum?"

Schlüsselausdrücke

Advantages and disadvantages

der Hauptvorteil/Hauptnachteil des/der …

ein zusätzlicher Vorteil ist …

der entscheidende Pluspunkt ist …

die Schattenseite/Kehrseite

einen wichtigen Vorzug bieten

für jemanden vorteilhaft/von Vorteil sein

es hat den Vorteil, dass …

das Beste/Schlimmste daran

das einzig Gute daran

die Vorteile überwiegen die Nachteile (bei weitem)

Ich bin begeisterter Radfahrer (begeisterte Radfahrerin), weil …

… geht mir auf die Nerven/ärgert mich, weil …

Strategie

Translating the English gerund ('-ing') into German

1　Use nouns derived from infinitives:

　*I enjoy **driving**.* **Das Autofahren** macht mir Spaß.

2　Use *indem*:

　*I avoid flying **by choosing** holiday destinations in Germany.* Ich vermeide das Fliegen, **indem** ich Ferienziele in Deutschland **wähle**.

3　Use *zu*:

　*It's all about **using** cars sensibly.* Es geht darum, das Auto bewusst **einzusetzen**.

4　Use a relative clause:

　*Holidaymakers **travelling** by rail.* Urlauber, **die** mit der Bahn **reisen**.

C Was kann man dagegen tun?

Vokabeln

der Vertrag(¨e) *agreement, treaty*

die Maßnahme(-n) *measure*

die Verbrauchermacht *consumer power*

Achten Sie darauf, dass Sie ... *Make sure that ...*

der Ökostrom *green energy/ electricity*

treibstoffsparend *petrol-saving/ fuel efficient*

schützen vor (+ *dative*) *to protect against/from*

das Meeresschutzgebiet(-e) *marine reserve*

verwandeln *to transform*

der Grenzwert(-e) *limit*

etw in die Tat umsetzen *to put sth into action*

sich einsetzen für (+ *accusative*) *to support*

die Überwachung *surveillance, monitoring*

die Doppelhülle(-n) *double-skinned hull*

Aktiv werden!

Gefährliche Klimaveränderungen können nicht allein durch internationale Verträge verhindert werden. Was können Sie persönlich dagegen tun?

Informieren Sie sich! Denn mit dem Wissen über den Klimawandel steigt die Bereitschaft, sich für Klimaschutz zu engagieren.

Fangen Sie bei sich an! Der einfachste (und kosteneffizienteste) Weg, um CO_2-Emissionen zu senken, ist Energie zu sparen. Überprüfen Sie Ihre Gewohnheiten und fangen Sie mit ein paar einfachen Maßnahmen an!

Benutzen Sie Ihre Verbrauchermacht! Achten Sie darauf, dass Sie:

- energieeffiziente Haushaltsgeräte wählen
- regionale und saisonale Lebensmittel essen
- Recyclingprodukte kaufen
- Ökostrom beziehen
- ein treibstoffsparendes Auto fahren.

Überzeugen Sie andere! Erst Ihre Familie und Freunde, dann Mitschüler oder Kollegen. Gemeinsam können wir die Regierung und Firmen dazu bewegen, endlich mitzumachen.

Protestieren Sie! Engagieren Sie sich in einer Initiative für den Klimaschutz. Oder organisieren Sie eine Demonstration!

Wir müssen die Erde vor einer zu starken Erwärmung schützen. Wir haben nur eine!

Arbeitskreis Ostsee-Aktion

Wussten Sie schon ...

- dass lediglich 5% der Weltmeere als offizielle Meeresschutzgebiete anerkannt werden?
- dass ungeschützte Meeresgebiete wegen Giften, Müll und Öl in leblose Wüsten verwandelt werden?

Sind Sie am Thema „Meeresschutz" interessiert? Möchten Sie sich für den Schutz der Ostsee engagieren? Dann sind Sie bei uns richtig!

Für Nitrate und Pestizide im Grundwasser gibt es nun EU-weite Grenzwerte. Wir sorgen dafür, dass diese in die Tat umgesetzt werden.

Öl und Plastikmüll werden zunehmend von Schiffen illegal entsorgt. Wir setzen uns für eine bessere Überwachung und härtere Strafen ein.

Die Ostsee ist eine Transitstrecke für Öltanker. Wir fordern verbesserte Maßnahmen zur Schiffssicherheit, z.B. keine Tanker ohne Doppelhülle!

Wir fordern die Anerkennung gefährdeter Ostseegebiete als Schutzreservate, sowie ein weltweites Netzwerk von Meeresschutzgebieten.

Jede(r) Einzelne kann etwas tun: Protestbriefe schreiben, Infoblätter entwerfen, Unterschriften sammeln, oder Aktionen starten. Denn ohne Druck von unten bewegen sich Politiker nur sehr ungern.

Wir freuen uns auf Ihre Mitarbeit!

1 a Fassen Sie den Text „Aktiv werden!" auf Englisch kurz zusammen.

b Wählen Sie die vier Aussagen, die mit dem Inhalt des Texts „Arbeitskreis Ostsee-Aktion" am besten übereinstimmen.

i 95% der Weltmeere sind nicht geschützt.

ii Grundwasserbelastung in Europa hält sich einigermaßen in Grenzen.

iii Ostsee-Aktion-Mitglieder kontrollieren Nitrat- und Pestizidkonzentrationen im Grundwasser.

iv Immer mehr Kunststoffabfälle geraten ins Meer.

v Ostsee-Aktion-Mitglieder wollen Öltanker aus der Ostsee verbannen.

vi Politiker engagieren sich gern für den Meeresschutz.

vii Ostsee-Aktion will den Leser dazu anregen, Mitglied zu werden.

2 🎧💡 Hören Sie sich „Wie umweltbewusst sind die Deutschen?" an und machen Sie die Aufgabe online.

3 🎧 Hören Sie sich die Rundfunkdiskussion „Was können wir gegen den Klimawandel tun?". Beantworten Sie folgende Fragen.

Erster Teil

i Welche drei Schritte können wir machen, um unsere CO_2-Emissionen zu reduzieren?

ii Welche kleine Aktion gibt Frau Hoffmann als Beispiel davon, was jeder Einzelne bewirken kann?

Zweiter Teil

iii Welche Beispiele von umweltfreundlichen Maßnahmen für Firmen werden erwähnt?

iv Was können einzelne Leute machen, um das Verhalten von Firmen zu beeinflussen?

v Wie kann die Regierung das Verhalten des Einzelnen oder das der Unternehmen beeinflussen?

vi Was wird passieren, wenn wir unser Verhalten nicht ändern?

4 a 💡 Welche energiesparenden Maßnahmen ergreifen Sie oder Ihre Familie schon im Alltagsleben? Welche könnten Sie vielleicht in Zukunft ergreifen? Besprechen Sie das zu zweit oder in der Klasse.

b 💡 Welche Personen und Einrichtungen können dazu beitragen, gegen Umweltverschmutzung und Klimawandel zu kämpfen? Stellen Sie zu zweit eine Liste auf. Vergleichen Sie dann Ihre Liste mit der Liste auf dem Arbeitsblatt.

5 💡🖊 Umweltverschmutzung und Klimawandel: Kann die/der Einzelne etwas bewirken? Hören Sie sich die Fragen und die Beispielantworten an im Hörtext „Maßnahmen gegen die Umweltbelastung". Nehmen Sie dann Ihre eigenen Antworten auf.

6 💡 Schreiben Sie für ein Internet-Forum einen Beitrag (150–200 Wörter) zum Thema „Umweltschutz: Kann die/der Einzelne etwas bewirken?"

Schlüsselausdrücke

Who is responsible?

kann hier etwas/viel/nichts bewirken

kann einen/keinen großen Beitrag dazu/zu ... (+ *dative*) leisten

kann dazu/zu ... (+ *dative*) beitragen, indem er/sie ...

hat einen/keinen Einfluss darauf/auf ... (+ *accusative*)

spielt da eine/keine große Rolle

ist dafür/für ... (+ *accusative*) verantwortlich

sollte mehr dafür/für ... (+ *accusative*) tun

sollte sich darum/um ... (+ *accusative*) kümmern

das ist eine Sache für ... (+ *accusative*)

es liegt an ... (+ *dative*)

kann da wirklich nichts tun/ändern

Action and involvement

sich (freiwillig) engagieren für (+ *accusative*)/in (+ *dative*)

sich für (+ *accusative*) einsetzen

etwas fordern/bewirken/bekämpfen/ unternehmen/in die Tat umsetzen

aktiv werden

sein Verhalten ändern

💡 Grammatik

Verbal and idiomatic phrases with prepositions

■ Many idiomatic meanings are conveyed using a German verb with a preposition. It's best to learn the verb, the preposition and the case as a set phrase, e.g.:

schützen vor (+ *dative*) → Wir müssen die Erde **vor einer** zu stark**en** Erwärmung **schützen**.

sich engagieren für (+ *accusative*) → Wir **engagieren uns für den** Schutz der Ostsee.

sich freuen auf (+ *accusative*) → Wir **freuen uns auf Ihre** Mitarbeit! (*We look forward to working with you.*)

sich freuen über (+ *accusative*) → Wir **freuen uns über Ihre** Mitarbeit! (*We are glad to be working with you.*)

Now you should be able to:

- ■ Discuss types, causes and effects of pollution
- ■ Describe the effects of transport on the environment
- ■ Evaluate measures to reduce pollution
- ■ Discuss individual versus collective responsibilities and actions

Grammar

- ■ Use fixed and dual case prepositions
- ■ Manipulate verbal and idiomatic phrases with prepositions

Skills

- ■ Translate the English gerund into German

✓ Testen Sie sich!

1 Welches Wort hat nichts mit Meeresverschmutzung zu tun?

> Tankerunglück   Meeresspiegel
> Quecksilber   Algenteppich

2 Was ist der Treibhauseffekt? Geben Sie eine Definition.

3 Füllen Sie die Lücken aus.

Dauergifte wie _____ und _____ werden um die _____ transportiert und gelangen in die _____ .
Sie sind _____ .

4 Ergänzen Sie den Satz:

CO_2-Neutralisierung bedeutet, dass man …

5 Notieren Sie die Transportmittel nach der Höhe ihrer CO_2-Belastung (1 = mehr, 5 = weniger)

> Bahn   Flugzeug   Fahrrad   Bus   Auto

6 Worüber spricht man hier?

Gegen eine monatliche Gebühr, sowie einen Kilometer- und Zeittarif, kann man Fahrzeuge zu jeder Zeit reservieren und benutzen.

7 Was kann die/der Einzelne tun, um den Klimawandel zu bekämpfen?

8 Warum sind nicht-saisonales Obst und Gemüse nicht umweltfreundlich?

9 Welches Wort hat nichts mit dem Meeresschutz zu tun?

> Überwachung   Ökostrom   Doppelhülle
> Schutzreservate

10 Finden Sie Synonyme für die folgenden Wörter:

> die Folgen   verschmutzt   bedrohen
> reduzieren   vorbeugen

AQA Examiner's tips

Listening

Don't eat while you're listening – not even chewing gum! Every time you swallow, you block your hearing for a moment and when you're doing the exam you have to work quickly and can't afford to lose time.

Speaking

Try to be as **spontaneous** as possible and as **natural** as possible. The examiner is genuinely interested in your opinion.

Reading

Beware of false friends. Learn the correct meaning of e.g. *Art, familiar, Kollege, Konzern, prägnant*.

Writing

Allow yourself to be controversial. The examiner is looking for a proper discussion on the topic where you develop your idea(s).

Unsere Umwelt

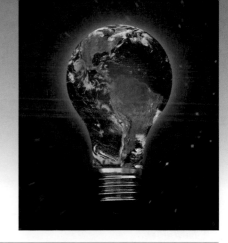

2 Energie

By the end of this chapter you will be able to:

	Language	Grammar	Skills
A **Energie aus der Erde**	▪ Discuss fossil fuels and their environmental impact	▪ Use adjective endings	
B **Kernkraft – Energie der Zukunft?**	▪ Evaluate the pros and cons of nuclear energy	▪ Use the comparative and superlative of adjectives	
C **Energieverbrauch im Wandel**	▪ Consider alternative, renewable energy sources and describe changing attitudes to energy consumption		▪ Use language for bringing about and describing change

Wussten Sie schon?

Sonne tanken und arbeiten zugleich!

Der mobile, solarbetriebene Arbeitsplatz des Schweizer Designers Mathias Schnyder wäre ganz toll für Ihre Terrasse oder Ihren Garten. Hier können Sie gleichzeitig den Sonnenschein genießen und ihn als Stromquelle für Ihren Computer ausnutzen. Stecken Sie Ihr Notebook einfach ein und los gehts in der freien Natur!

Deutschlands Energieriese!

Die größte Windturbine der Welt wird in Emden in Deutschland errichtet: Die Rotorblätter haben eine Länge von 126 Metern. Das Riesenwindrad wird mehr als 7 Megawatt Strom pro Jahr produzieren. Das ist genug um 5000 europäische Haushalte mit Strom zu versorgen.

Zum Aufwärmen

1 Energieformen sind entweder **erschöpfbar** oder **erneuerbar**. Das heißt, sie sind entweder …

a traditionell oder modern   b begrenzt oder unerschöpflich
c umweltfreundlich oder umweltschädlich.

2 Welche der folgenden Energiequellen sind erneuerbar?

Kohle   Wind   Uran   Pflanzenöl   Wasser   Erdöl
Holz   Müll   Sonnenlicht   Dung

3 Finden Sie mit Hilfe eines Wörterbuchs Wörter, die mit das Folgende beginnen.

a Atom-   b Nuklear-   c Kern-

4 Ordnen Sie jeder Definition eine Energieform im Kasten unten zu. Energie aus …

a Sonnenstrahlen
b Seen, Flüssen oder Wellen
c Wärme tief unter der Erde
d Luftbewegungen

e Biomasse (pflanzlichen/ tierischen Produkten)
f Uran
g Erdöl, Kohle, Erdgas

i Erdwärme	iv fossile Energie	vii Solarenergie
ii Atomenergie	v Windkraft	
iii Wasserkraft	vi Bioenergie	

5 Welche Länder verbrauchen mehr bzw. weniger erneuerbare Energie? Finden Sie die richtige Reihenfolge. (1 = mehr; 5 = weniger)

Frankreich   Schweden   Deutschland   Großbritannien   Österreich

Vokabeln

fossile Energieträger *fossil fuels*

speichern *to store (up), e.g. energy*

die Wärmeerzeugung *heat generation*

die Stromerzeugung *generation of electricity*

abbauen *to mine*

die Braunkohle *brown coal/lignite*

der Ruß *soot*

das Förderland(-länder) *producing country*

der Tagebau *open-cast mining*

der Schmierstoff(-e) *lubricant*

die Verwendungsmöglichkeit(-en) *possible use*

die Versorgungsunsicherheit *insecure supply*

bestätigte Vorräte *confirmed reserves*

die Übergangslösung(-en) *interim solution*

leitungsgebunden *dependent on the grid*

---

1 Wofür brauchen wir Energie? Aus welchen Ressourcen wird diese Energie gewonnen? Diskutieren Sie zu zweit.

Brennpunkt: Fossile Energie

- Fossile Brennstoffe wie Kohle, Erdöl und Erdgas haben drei wesentliche Nachteile: Sie sind erschöpfbar, geographisch begrenzt verfügbar, und ihre Verbrennung erzeugt das klimaschädliche Treibhausgas CO_2.

- Fossile Energieträger sind aus toten Pflanzen und Tieren entstanden, die vor Jahrmillionen auf dem Meeresgrund abgestorben sind. Sie haben die Sonnenenergie und das CO_2 vergangener Zeiten gespeichert.

- Die Verbrennung fossiler Energieträger seit Beginn der Industrialisierung ist die Hauptursache der durch Menschen verursachten Erderwärmung.

KOHLE

Verwendung: Wärme- und Stromerzeugung, Eisen- und Stahlherstellung.

Zukunftspotential: derzeitige Reserven reichen noch ca. 150–200 Jahre; für das Erdklima wäre eine weitere ungebremste Nutzung jedoch fatal.

Treibhauswirkung: schlechteste CO_2-Bilanz aller fossilen Brennstoffe; erzeugt über ein Viertel mehr CO_2 als Erdöl.

+ Vorteile:

- leicht zu lagern – eine günstige Form der Energiespeicherung
- lässt sich relativ leicht und billig abbauen.

− Nachteile:

- Braunkohle ist der ineffizienteste und schmutzigste fossile Energieträger: Umweltbelastung durch Ruß, Schwefeldioxid, Stickoxide
- Abhängigkeit von wenigen Förderländern
- Zerstörung großer Landflächen durch Tagebau
- lange Transportwege verursachen noch mehr CO_2.

ERDGAS

Verwendung: Industrie, Wärme- und Stromerzeugung. Könnte eventuell als PKW-Kraftstoff benutzt werden.

Zukunftspotential: bestätigte Vorräte reichen bei ungebremstem Verbrauch noch ungefähr 60–70 Jahre.

Treibhauswirkung: Gilt als der sauberste fossile Energieträger und die klimafreundlichste Übergangslösung im Übergang zu erneuerbaren Energiequellen. Erzeugt halb so viel CO_2 wie Braunkohle.

+ Vorteile:

- effiziente Energienutzung
- sauberere Verbrennung, zumindest im Vergleich zu Kohle und Erdöl.

− Nachteile:

- leitungsgebunden
- Abhängigkeit von Förderländern
- schwierig zu transportieren und zu lagern (Explosionsgefahr).

ERDÖL

Verwendung: Industrie; Wärme- und Stromerzeugung; Treibstoff für Fahrzeuge, Flugzeuge, Schiffe; Produktion von Schmierstoffen, Autoreifen, Plastik.

Zukunftspotential: derzeitige Weltölreserven reichen bei ungebremstem Verbrauch nur noch ca. 40 Jahre.

Treibhauswirkung: eine der größten CO_2-Quellen; erzeugt ein Drittel mehr CO_2 als Erdgas.

+ Vorteile:

- vielseitige Energiequelle mit vielen Anwendungsmöglichkeiten
- effiziente Energienutzung
- leicht zu lagern.

− Nachteile:

- lange Transportwege
- hohe Gewinnungs-, Produktions- und Transportkosten
- stammt größtenteils aus Krisenregionen (Versorgungsunsicherheit)
- Umweltbelastung durch Stickoxide, Schwefeldioxid
- Öltankerunfälle.

2 a Lesen Sie den Text über fossile Energie und finden Sie Antonyme für das Folgende.

    i   erneuerbar

    ii   weltweit vorhanden

    iii klimafreundlich

    iv natürlich vorkommend

    v   Energiefreisetzung

    vi wirkungsvoll

    vii sauber

    viii bei beschränktem Konsum

  b 💡 Machen Sie die Aufgaben online.

3 a 🎧 Hören Sie sich den ersten Teil des Hörabschnitts „Das Ölzeitalter: Der Anfang vom Ende" an. Ordnen Sie jedem Satzanfang links ein passendes Satzende rechts zu.

i Der Weltenergiebedarf steigt teilweise, …	a … weil Vorräte ausgehen und die Nachfrage steigt.
ii Es wird eine Versorgungslücke geben, …	b … weil der Ölpreis immer mehr ansteigt.
iii Die EU-Länder werden von Versorgungsunsicherheit bedroht sein, …	c … weil es immer mehr Menschen auf der Erde gibt.
iv Es könnte in Zukunft starke Rezessionen geben, …	d … weil sie ihren Energiebedarf durch eigene Öl- und Erdgasreserven nicht decken können.

  b 🎧 Hören Sie sich den zweiten Teil an. In welcher Reihenfolge werden folgende Themen erwähnt?

    i   Die Einführung alternativer Energiequellen wird paradoxerweise viel Erdöl benötigen.

    ii   Die Entwicklung erneuerbarer Energien kommt leider zu spät und dauert zu lang, um eine Umstellung auf Kohle zu verhindern.

    iii Ölfirmen müssen kostengünstige und umweltfreundliche Energiequellen erforschen.

    iv Irgendwie werden die notwendigen Technologien entwickelt werden, die uns vor einer Energiekrise retten.

    v   Die Politiker sollte besser vorausdenken und planen.

    vi Die finanzielle Förderung von fossilen Energieträgern sollte gestoppt werden.

4 💡 Diskutieren Sie zu zweit. Versuchen Sie, die Ursachen und Auswirkungen der Energiekrise mündlich kurz zusammenzufassen. Was kann man unternehmen, um Leute davon abzubringen, fossile Brennstoffe zu benutzen?

5 💡 Lesen Sie die Texte über Energieträger auf dem Arbeitsblatt und übersetzen Sie sie.

💡 **Grammatik**

Adjective endings

Adjectives end in '-(e)n', except:

■ after *ein/eine, mein,* etc. in the **nominative (m/f/n)** and **accusative (f/n) singular,** where endings show the gender of the noun: ein steigend**er** Energiebedarf (m), eine schwierig**e** Frage (f), ein groß**es** Problem (n)

■ after *der/die/das* and *dieser/jener/welcher,* etc. in the **nominative** (m/f/n) and **accusative** (f/n) **singular,** where they end in -*e*: der technisch**e** Durchbruch (m), die wirtschaftlich**e** Entwicklung, das klimaschädlich**e** Treibhausgas

■ where there is **no preceding article**, they show the gender, number and case of the noun, e.g.: Die Ölfirmen müssen Menschen mit umweltverträglich**er** Energie versorgen. (Energie = *f/singular/dative*)

Atomkraft: Ja oder nein?

JA!

Ich bin für Atomenergie, weil sie die einzige Energiequelle ist, die fossile Brennstoffe effizient ersetzen und den steigenden globalen Energiebedarf decken kann. Dazu sind die erneuerbaren Energien technisch noch nicht ausgereift genug. Atomkraft bleibt daher unentbehrlich und die Entscheidung, daraus auszusteigen, finde ich unsinnig.*

Tatsache ist, dass Kernenergie eine Reihe von Vorteilen hat, die niemand bestreiten kann. Erstens macht sie uns unabhängig von fossilen Energieträgern, die aus unsicheren Weltregionen importiert werden. Zweitens können selbst überzeugte Atomkraftgegner nicht leugnen, dass Kernkraftwerke kein CO_2 ausstoßen und daher nicht zum Klimawandel beitragen. Sie sind auch viel sauberer als Kohlekraftwerke. Drittens ist die Kernenergie vor allem in Deutschland durch die extrem hohen Sicherheitsstandards auch eine sehr sichere Energiequelle. Ein GAU** wie die Katastrophe von Tschernobyl ist bei Reaktoren westlicher Bauart praktisch ausgeschlossen. Und viertens ist Atomkraft derzeit deutlich preisgünstiger als andere Energiequellen.

Der Ausbau der Atomenergie ist daher die einzige realistische Lösung unserer Energieprobleme.

Deutschland hat im Jahr 2000 entschieden, bis 2023 endgültig aus der Atomenergie auszusteigen.

**GAU = Größter Anzunehmender Unfall*

NEIN!

Meiner Meinung nach sollten wir vollständig aus der Atomenergie aussteigen – je früher, desto besser – nicht zuletzt, weil sie die gefährlichste aller Energiequellen ist. Ein schwerer Unfall ist jederzeit möglich und das Risiko ist heute wegen Terrordrohungen größer denn je.

Kernkraft ist weder sauber noch umweltfreundlich! Auch im Normalbetrieb geben Atomkraftwerke Radioaktivität an die Umwelt ab und gefährden die Gesundheit der Menschen, die im Nahbereich leben. Zudem weiß bis heute niemand so genau, was mit den gefährlichen Abfällen letztendlich passieren soll, die noch Jahrtausende radioaktiv strahlen. Würden die Kosten einer sicheren Endlagerung realistischerweise heute schon eingerechnet werden, wäre die billige Atomenergie völlig unbezahlbar. Und was den Klimaschutz betrifft: Atomenergie ist nicht CO_2-frei, wenn man die ganzen CO_2-Emissionen einberechnet, die bei Uranabbau, Urantransport und Atommüllagerung auftreten.

Letztenendes ist die Atomenergie keineswegs ohne Alternative: Ihr Anteil an der weltweiten Energieerzeugung ist unbedeutend und durch das enorme Potential der erneuerbaren Energien leicht zu ersetzen. Uran ist sowieso nur begrenzt verfügbar: das reicht nur noch etwa 60 Jahre und wird überwiegend aus unsicheren Weltregionen importiert.

1 Lesen Sie den Text links und suchen Sie für jedes Argument im ‚JA'-Text ein passendes Gegenargument im ‚NEIN'-Text. Ergänzen Sie dabei die folgende Tabelle mit kurzen Notizen.

JA! Argumente für Atomenergie	NEIN! Argumente gegen Atomenergie
Atomkraft ist die einzige Energiequelle, die den globalen Energiebedarf decken kann.	Atomkraft ist durch erneuerbare Energiequellen leicht zu ersetzen.

2 a 🎧💡 Hören Sie sich den Bericht „Protestaktionen gegen Atommüllexport" an und machen Sie die Aufgabe online.

b 🎧 Beantworten Sie folgende Fragen.

i Wann und von wo fuhr der Sonderzug ab?

ii Warum ist es besonders schwierig für die Demonstranten, spontan gegen den Urantransport zu protestieren?

iii Wo fanden die Demonstrationen statt?

iv Warum ist die Lagerung des Uranmülls in Novouralsk besonders gefährlich für die Menschen, die dort wohnen?

v Was ist laut Atomgegnern das Hauptmotiv der Betreiberfirma Urenco für den Atommüllexport?

3 🎧 Hören Sie sich den Radiobericht „Atomkraft – eine strahlende Zukunft?" an und beantworten Sie die Fragen auf Englisch.

i What two measures were introduced in the year 2000 to phase out nuclear power?

ii What two reasons are given for the German government's decision?

iii Why is nuclear power coming back into favour?

iv How does the cost of nuclear power compare to the cost of solar power?

v What shows France's commitment to nuclear power?

vi Where else are large numbers of new nuclear power stations being built or planned?

vii Why is it unlikely that nuclear power could ever completely replace fossil fuels?

viii What are the advantages of renewable energy in comparison with nuclear power?

4 💡 Eine Zukunft ohne Atomenergie ist unrealistisch. Machen Sie eine Klassendiskussion und bilden Sie zwei Gruppen: dafür und dagegen. Benutzen Sie das Arbeitsblatt.

5 💡 Atomausstieg: Ja oder nein? Schreiben Sie einen kurzen Bericht (ca. 250 Wörter), in dem Sie die Argumente dafür und dagegen abwägen und dann Ihren eigenen Standpunkt wählen.

Schlüsselausdrücke

Presenting a case

Ich bin der Meinung, dass …

Meiner Meinung nach ist …

Ich bin fest davon überzeugt, dass …

Erstens … zweitens … drittens …

Einerseits … andererseits …

Außerdem …

Dazu kommt noch, dass …

Zwar … allerdings …

Schließlich …

Comparing, contrasting, weighing up

Im Vergleich zu …/Gegenüber … (+ *dative*)

Im Unterschied/Gegensatz zu … (+ *dative*)

… schneidet im Vergleich zu … (+ *dative*) (nicht) sehr gut ab

… ist dagegen/hingegen …

… ist mit … (+ *dative*) nicht zu vergleichen

… ist noch/weitaus/etwas/kaum billiger als …

… ist ebenso/genauso/nicht so billig wie …

💡 Grammatik

Comparative and superlative of adjectives

■ To form the comparative (safer, cleaner, more efficient), add -*er* to the adjective (*sicherer, sauberer, effizienter*).

■ To form the superlative (safest, cleanest, most efficient), add -(*e*)*st* to the adjective (*sicherst-, sauberst-, effizientest-*). N.B. there is no equivalent to the English 'more' or 'most'. They are usually expressed by the above endings.

■ Many one-syllable adjectives add an umlaut in the comparative and superlative: groß   größer   der/die/das größte

■ Others change completely: hoch   höher   der/die/das höchste

Energieverbrauch im Wandel

Vokabeln

die Landwirtschaft *agriculture, farming*

die Existenzsicherung *safeguarding of one's livelihood*

das Windrad(-räder) *windmill, wind turbine*

die Stromerzeugung *generation of electricity, power production*

die Solarzelle(-n) *solar cell (produces electricity)*

der Sonnenkollektor(-en) *solar panel (produces heat)*

der Raps *oilseed rape*

die Gülle *liquid manure*

umbauen *to convert, alter*

das Kuheuter(-) *udder*

abgegeben *given off, generated*

die Holzhackschnitzel-Anlage(-n) *wood-chip heating system*

das Abfallholz *waste wood*

der Ackerbau *arable farming*

1 Was wissen Sie über die verschiedenen erneuerbaren Energiequellen? Versuchen Sie, jede Energiequelle kurz zusammenzufassen.

i   Windenergie

ii   Wasserenergie

iii   Sonnenenergie

iv   Biomasse

v   Geothermische Energie

vi   Biotreibstoffe

Das Bioenergiedorf: Kuhmilch statt Kraftwerke!

In Freiamt im Schwarzwald ist umweltfreundliche Energieproduktion schon Realität. Früher lebten die Bauern des 4500-Einwohner-Dorfs gut von der Landwirtschaft. Dann kam die Krise. Sinkende Milchpreise, BSE und teurer Strom zwangen sie, neue Wege zur Existenzsicherung zu finden. Heute wird hier CO_2-neutraler Ökostrom aus Sonne, Wind, Wasser und Biogas produziert – sogar deutlich mehr Strom, als sie selbst benötigen.

Mächtige Windräder

Walter Schneider und mehr als 100 andere Dorfbewohner investierten vor ein paar Jahren in die Windkraft. Bei gutem Wind produziert jedes der vier Windräder in zwei Stunden so viel Strom, wie ein durchschnittlicher Vier-Personen-Haushalt für ein ganzes Jahr benötigt. Zur weiteren Stromerzeugung hat Bauer Schneider, wie viele andere Einwohner, auf seinem Dach Solarzellen installiert. Sonnenkollektoren werden auch von rund 150 Privathaushalten zur Warmwassergewinnung genutzt.

Bakterien statt Bullen

Auch hohe Investitionskosten halten die Bewohner nicht ab: Bürgermeisterin Hannelore Reinbold-Mench und ihr Ehemann haben für rund 600 000 Euro eine Biogasanlage installiert, die Strom und Wärme erzeugt. Statt wie früher ihre Kühe, füttern sie inzwischen zweimal am Tag Bakterien mit mehreren Tonnen Mais, Raps, Gras und Gülle. Mehr als eine Million Kilowattstunden Strom im Jahr können sie so erzeugen und verkaufen.

Die älteste Form der Energiegewinnung

Der Bäcker Friedrich Mellert nutzt für seine Mühle die Wasserkraft, so wie schon seine Vorfahren vor 200 Jahren. Zwei Bäche treiben eine Turbine an, die so umgebaut wurde, dass sie die Bäckerei und die Wohngebäude der Familie mit Heizenergie und Strom versorgt.

Wärme aus Kuhmilch

Auf Walter Schneiders Hof helfen sogar die Kühe mit. 38 Grad hat die Milch, wenn sie aus dem Kuheuter kommt. Sie muss auf vier Grad gekühlt werden. Die dabei abgegebene Wärme wird für die Beheizung des Wassers genutzt, mit dem die Familie duscht, spült und reinigt.

Heizen zum Nulltarif

Geheizt wird bei den Schneiders mittels einer Holzhackschnitzel-Anlage und Abfallholz aus dem eigenen Wald. So ist die Familie fast unabhängig von den großen Energieanbietern. Außerdem werden lokale Ressourcen ohne lange Transportwege genutzt.

„Die Menschen hier haben immer die Früchte der Natur geerntet. Was früher der Ackerbau für sie war, sind heute die erneuerbaren Energien," sagt Bürgermeisterin Reinbold-Mench. „Wichtig ist, dass die Kräfte der Natur genutzt werden, ohne die Umwelt zu belasten."

2 a   💡 Lesen Sie den Text und machen Sie die Aufgaben online.

b Welche Vor- und Nachteile von Bioenergiedörfern werden im Text erwähnt?

i Eneuerbare Energien sind klimafreundlich.

ii Die Risiken der Atomenergie werden vermieden.

iii Selbsterzeugte erneuerbare Energie ist billiger als Strom vom Netz.

iv Die Rohstoffe müssen nicht aus fernen Ländern transportiert werden.

v Bioenergiedörfer stärken die lokale Wirtschaft und schaffen Arbeitsplätze.

vi Am Anfang müssen die Dorfbewohner viel Geld investieren.

vii Das Konzept funktioniert nur, wenn der Großteil der Dorfbewohner mitmacht.

3 🎧 Hören Sie sich die Radiodiskussion „Erneuerbare Energien" an und beantworten Sie die Fragen.

Erster Teil

i Wie hat das ‚Erneuerbare Energien Gesetz' bei der Entwicklung erneuerbarer Energien geholfen?

ii Wie viel Strom wird heute in Deutschland aus erneuerbaren Energiequellen produziert? Und in Zukunft?

Zweiter Teil

iii Warum haben Off-Shore Windparks besonders viel Potenzial?

iv Inwiefern ist das Potenzial der Sonnenenergie nahezu grenzenlos?

v Warum ist es teuer, Strom aus Sonnenlicht zu produzieren?

Dritter Teil

vi Warum ist Biomasse eine sehr flexible Energiequelle?

vii Welche Anwendungsmöglichkeiten für Abfallprodukte werden erwähnt?

viii Warum werden Biokraftstoffe kritisiert?

4 a 💡 Lesen Sie das Informationsmaterial zu erneuerbaren Energien auf dem Arbeitsblatt und machen Sie die Aufgaben.

b 💡📄 „Interview mit einem Bioenergiedorfbewohner" – hören Sie sich die Fragen und die Beispielantworten an. Nehmen Sie dann Ihre eigenen Antworten auf.

5 💡 Schreiben Sie einen Bericht (ca. 220 Wörter) zu folgendem Thema: „Erneuerbare Energien sind die einzige Alternative zu fossilen Energieträgern und müssen deshalb verstärkt entwickelt werden".

6 🎧💡 Hören Sie sich den Hip-Hop Song „Hundert Prozent" an und lesen Sie dabei gleichzeitig den Text online. Diskutieren Sie die Aussage des Lieds zu zweit.

■ Schlüsselausdrücke

Bringing about change

jemanden zwingen, etwas zu tun

jemanden ermuntern, etwas zu tun

jemanden zu etwas überreden

einen (finanziellen) Anreiz bieten

etwas fordern/verlangen

Describing change

bis vor kurzem/derzeit/zur Zeit/ in Zukunft

… ist im Wandel/im Aufschwung.

… hat sich zu (+ *dative*) … entwickelt.

… hat sich völlig/wesentlich verändert.

… hat verdoppelt/verdreifacht/ vervierfacht.

… ist um das Achtfache gestiegen/ zurückgegangen.

… hat sich verbessert/verschlimmert.

Immer mehr Leute setzen auf …/ steigen auf … (+ *accusative*) um.

🔧 **Strategie**

Language for bringing about and describing change

1 Verbs for describing change usually have an associated noun:

umdenken ➝ das Umdenken

wachsen ➝ das Wachstum

(sich) entwickeln ➝ die Entwicklung

zunehmen ➝ die Zunahme

umsteigen ➝ der Umstieg

ausbauen ➝ der Ausbau

(sich) (ver)wandeln ➝ der Wandel, die (Ver)wandlung

2 Try to predict the noun (and its gender) for these verbs:

a aussteigen

b abnehmen

c umbauen

Now you should be able to:

- Discuss fossil fuels and their environmental impact
- Evaluate the pros and cons of nuclear energy
- Consider alternative, renewable energy sources and describe changing attitudes to energy consumption

Grammar

- Use adjective endings
- Use the comparative and superlative of adjectives

Skills

- Use language for bringing about and describing change

✓ Testen Sie sich!

1 Was sind die drei Hauptnachteile fossiler Energieträger?

2 Finden Sie Antonyme (Gegensätze) zu den folgenden Ausdrücken:
  a geographisch begrenzt verfügbar
  b erschöpfbar
  c dreckig
  d gefährlich

3 Ordnen Sie diese Energieträger nach Begrenztheit der Vorräte (1 = sehr begrenzt, 4 = weniger begrenzt):
  a Uran
  b Biomasse
  c Erdöl
  d Kohle

4 Was sind laut Befürworter der Atomenergie deren vier Hauptvorteile?

5 Warum ist Atommüll ein Problem?

6 Welches Wort gehört nicht dazu?

  Atomausstieg   Kernkraftwerk   Turbinen   GAU

7 Ergänzen Sie den Satz:

  Im Gegensatz zu fossilen Brennstoffen sind erneuerbare Energiequellen …

8 Worum geht es hier?

  Sie benutzen die Wärmestrahlung der Sonne zur Warmwassergewinnung für den Haushalt.

9 Hier ist die Antwort. Was war die Frage?

  Nein. Sie sind zur Zeit zu teuer und technisch noch nicht ausgereift genug.

10 Finden Sie Synonyme für die folgenden Wörter:
  a regenerativ
  b Energieträger
  c Kraftstoff
  d erzeugen

AQA   Examiner's tips

Listening
Don't worry if you **don't understand a particular word**. It is unlikely that you would understand every word in an authentic listening situation.

Speaking
Be active – don't wait for the examiner to ask the questions. Remember, the discussion should be a **real exchange of views**. Any attempt to lead the discussion is rewarded by the examiner.

Reading
Always **read the rubrics carefully**. Most importantly, they will tell you in which language you are supposed to answer.

Writing
Take care with your **handwriting**. The examiner is not required to spend time deciphering illegible writing or trying to distinguish between capitals and letters in lower case.

Unsere Umwelt

3   SOS Erde: Aufruf zum Handeln!

By the end of this chapter you will be able to:

	Language	Grammar	Skills
A **Die Natur schonen**	■ Discuss ways of minimising environmental damage	■ Use interrogative adjectives (*welcher*), interrogative pronouns (*wer, wen*) and interrogative adverbs (*worauf*)	
B **Global denken**	■ Consider responsibilities towards other nations, especially developing countries	■ Use personal, reflexive and relative pronouns	
C **Gemeinsam handeln**	■ Evaluate the role of pressure groups and talk about initiatives to improve awareness and change behaviour		■ Understand the structure of complex sentences in reading texts

■ Wussten Sie schon?

Der Raubbau an der Natur

Pro Minute geht eine Fläche von 35 Fußballfeldern tropischen Regenwaldes verloren.

Es wird geschätzt, dass weltweit pro Stunde drei Arten, das sind rund 26 000 Arten jährlich, aussterben.

Jährlich werden bis zu 120 Millionen Tonnen Fisch und andere Meerestiere aus dem Meer gezerrt – etwa ein Viertel wird nicht zur Ernährung eingesetzt, sondern tot ins Meer zurückgeworfen.

Weltweit sind etwa 60% aller Korallen unmittelbar bedroht.

Allein in Deutschland werden täglich bis zu sechs Millionen Wegwerfwindeln im Müll entsorgt. Dafür werden rund 350 Bäume gefällt und fast 200 000 Kubikmeter Erdöl verbraucht.

■ Zum Aufwärmen

Wie gehen Sie mit den Naturressourcen der Erde um?

1 Auf welche Naturressourcen bzw. Rohstoffe sind Sie im Alltagsleben angewiesen? Machen Sie eine Liste mit Hilfe eines Wörterbuchs.

2 Aus welchen Ländern kommen die Rohstoffe auf Ihrer Liste? Wie viele müssen importiert werden?

3 Was tun Sie jetzt schon, um die Ressourcen der Erde zu schonen, z.B. keine Gratis-Plastiktüten?

4 Gibt es trotzdem Ressourcen, die Sie manchmal verschwenden bzw. zu häufig verwenden? Zum Beispiel Holz (Papier)?

5 Was könnten Sie tun, um diese Verschwendung zu reduzieren?

Vokabeln

die **Schatzkammer(-)** *treasure chamber*

die **Zellstoffplantage(-n)** *pulpwood plantation (for paper production)*

die **Rinderzucht** *cattle farming*

die **Artenvielfalt** *biodiversity, variety of species*

das **Edelholz(-hölzer)** *high-grade wood*

der **Baumarkt(-märkte)** *DIY store*

der **Siedler(-)** *settler*

der **Wilderer(-)** *poacher*

der **Fischbestand(-bestände)** *fish population, stock*

die **Grundschleppnetz-Fischerei** *bottom trawling*

die **Stahlkette(-n)** *steel chain*

durchpflügen *to plough through*

der **Beifang** *bycatch (fish caught by mistake)*

aus Versehen *by mistake*

die **Massentierhaltung** *intensive livestock farming*

der **Zuchtlachs(-e)** *farmed salmon*

---

1 Auf welche Art sind folgende Naturressourcen gefährdet? Wählen Sie für jede Ressource (i-iv) mögliche Bedrohungen (a–f).

i	Tropenholz	a	Energieverschwendung
ii	Tier- und Pflanzenarten	b	großflächige Touristeneinrichtungen, z.B. Hotelkomplexe, Golfplätze
iii	fossile Brennstoffe	c	intensive Landwirtschaft, z.B. riesige Energiepflanzen-Plantagen
iv	Boden	d	illegaler Handel
		e	Rodung von Regenwäldern
		f	Überfischung und Beifang

Weniger ist mehr!

Wir Menschen leben von der Natur und sind selber ein Teil davon. Jedoch gefährden wachsende Bevölkerung, rasantes Wirtschaftswachstum und steigender Konsum die Natur. Natürliche Ressourcen werden geplündert und Rohstoffe verschwendet, ohne Rücksicht auf die Konsequenzen.

Überfischung der Meere

Fische werden heute wie eine leblose Ressource behandelt. Industrielle Supertrawler plündern die Meere gnadenlos, damit die Verbraucher, insbesondere der reichen Länder, Fisch zum Sparpreis auf den Teller bekommen. Bereits drei Viertel aller Fischarten sind überfischt oder von Überfischung bedroht. Fachleute warnen vor einem totalen Verfall der Fischbestände.

Eine der zerstörerischsten Fischereimethoden überhaupt ist die Grundschleppnetz-Fischerei: Tonnenschwere Stahlketten an den Netzen durchpflügen den Meeresboden und zerquetschen alles, was ihnen im Weg steht: Seesterne, Krebse, Muscheln, Korallen. Ganze Ökosysteme werden in Minuten zerstört. Die Menge an Beifang ist gigantisch: Weltweit werden jährlich über 30 Millionen Tonnen Meerestiere aus Versehen getötet und zurück ins Meer geworfen, darunter Wale, Delfine und Schildkröten.

Rund ein Drittel des Weltfischfangs wird zu Tierfutter für die Massentierhaltung oder für Aquafarmen verarbeitet. Eine unvorstellbare Verschwendung: Für nur ein Kilogramm Zuchtlachs beispielsweise sind vier Kilogramm Fischmehl nötig.

Raubbau am Regenwald

Wälder – die grünen Lungen unseres Planeten – bieten uns, wenn wir sie sorgfältig nutzen, eine reichhaltig gefüllte Schatzkammer. Sie sind riesige Quellen für Holz, Medizinpflanzen, Nahrungsmittel und andere Rohstoffe: Zum Beispiel enthält heutzutage jedes vierte Medikament Stoffe, die aus Regenwaldpflanzen gewonnen wurden.

Doch die Wälder werden schonungslos ausgebeutet. Pro Minute gehen allein in Brasilien 30 000 Quadratkilometer Regenwald durch Brandrodung, Holzeinschlag, Soja-, Palmöl- und Zellstoffplantagen, Rinderzucht und Straßenbau unwiederbringlich verloren. Die erstaunliche Artenvielfalt wird durch Zerstörung von Lebensräumen, sowie rücksichtslose Jagd und illegalen Handel bedroht.

Die Holzindustrie ist für ein Fünftel der Verluste an Tropenwald unmittelbar verantwortlich. Jedes Jahr werden Millionen Kubikmeter Edelhölzer in Industrieländer exportiert. Preisgünstige Gartenmöbel aus Tropenholz werden heute noch in deutschen Baumärkten verkauft.

Indirekt spielt der illegale Holzhandel eine weit wichtigere Rolle, weil Holzfäller neue Straßen bauen. So ist es leichter für Siedler, Wilderer, Goldgräber und die Plantagenindustrie in die Wälder einzudringen.

2 a Lesen Sie den Text „Weniger ist mehr!" und übersetzen Sie die folgenden Ausdrücke.

i clearance by burning

ii logging

iii irretrievably lost

iv destruction of habitats

v ruthless hunting

vi threatened by overfishing

vii to crush

viii an inconceivable waste

b Ergänzen Sie folgende Sätze.

i Wälder sind lebenswichtig, weil … .

ii Regenwälder werden vernichtet, um … .

iii Als Folge von Straßenbau … .

iv Die Grundschleppnetz-Fischerei ist sehr zerstörerisch, weil … .

v Beifang bedeutet … .

3 💡 Was können wir persönlich tun, um Regenwälder und Meerestiere zu schonen? Wie können die reichen Industrienationen den ärmeren Ländern helfen, ihre Tropenwälder zu erhalten? Diskutieren Sie zu zweit.

4 a 🖳💡 Schauen Sie sich das Video an und machen Sie die Aufgaben online.

b 🖳 Sehen Sie sich noch einmal das Video an. Beantworten Sie folgende Fragen.

i Aus welchen zwei Gründen fährt Gisela so gern Auto?

ii Warum kauft Klaus lieber in kleineren Geschäften ein?

iii Was isst Gisela normalerweise? Warum?

iv Warum ist der Tisch von Klaus wahrscheinlich umweltfreundlicher als ein Tisch vom Baumarkt?

v Welche Maßnahmen erlauben Klaus, seine Wohnung weniger heizen zu müssen?

c 🖳 Inwiefern ist die Lebensweise von Klaus ökologisch und die von Gisela unökologisch? Machen Sie zwei Listen.

5 💡 Berechnen Sie Ihren ökologischen Fußabdruck mit Hilfe der Fragen auf dem Arbeitsblatt und entwerfen Sie dann Ihren eigenen Fragebogen zum Thema „Wie ökologisch ist Ihre Lebensweise?". Arbeiten Sie zu zweit.

💡 Grammatik

Interrogatives (question words)

For questions which require specific information, you need to use an interrogative.

▪ **welcher** which *(changes endings like* der/die/das*)*

Welche Fangmethode ist nachhaltiger?
Aus **welchem** Land stammt das?

▪ **wer/wen/wessen/wem** *who (changes with the case)*

Für **wen** haben Sie das getan?
Wessen Geländewagen ist das?

▪ **inwiefern** *to what extent*

Inwiefern sind Industrieländer verantwortlich?

▪ **worauf, woran, wofür** *(for verbs taking prepositions)*

Wofür kämpfen sie?

▪ **was für** *what sort of*

Be particularly careful with *was für*. The case of the noun which follows *was für* is dependent on its role in the sentence; it is not determined by *für* and is therefore not always in the accusative:

In **was für** einem Wald findet man Mahagoniholz?

Schlüsselausdrücke

Over-exploitation and destruction

Naturressourcen oder Rohstoffe ausbeuten/verzehren/verschwenden/aufbrauchen

etwas zerstören/vernichten/rücksichtslos plündern

die Ausbeutung/Verzehrung/Verschwendung

der Raubbau an (+ *dative*)

der schonungslose Umgang mit (+ *dative*)

knapp werden

unwiederbringlich verloren gehen

Conservation and protection

der Umweltschutz/der Naturschutz/der Artenschutz

das Natur-/Meeresschutzgebiet

schonend/nachhaltig/sparsam umgehen mit (+ *dative*)

Ressourcen schützen/schonen/retten/aufbewahren/sinnvoll nutzen

die nachhaltige/umweltverträgliche industrielle Produktion

die Sicherung des Weltklimas

die Erhaltung von Tier- und Pflanzenarten

Global denken

1 Sehen Sie sich den Cartoon oben an. Was bedeutet er? Besprechen Sie das in der Klasse.

der Gletscher(-) *glacier*

die Lebensgrundlage *livelihood*

die Steinwüste(-n) *stone desert*

aufstauen *to dam (up)*

abzweigen *to divert, channel off*

die Gerste *barley*

der Lauch(-e) *leek*

zurechtkommen *to manage/ to get by*

die Handlungsmöglichkeit(-n) *possibility for action*

umleiten *to divert, redirect*

der Abfluss *run-off*

das Schwellenland(-länder) *emerging nation, newly industrialised country*

das Entwicklungsland(-länder) *developing country*

die Anpassungsmaßnahme(-n) *adaptive measure*

einen Lebensraum besorgen *to provide somewhere to live*

Eine Hochkultur schmilzt weg

In Laddakh im Himalaja verschwinden die Gletscher – und damit die Lebensgrundlage der Menschen.

Laddakh – eine Steinwüste im Himalaja, bizarre Felsen und Sand wohin man schaut. Dort wo Gletscherwasser den Berg hinunter fließt, wird es aufgestaut, abgezweigt, und durch teilweise kilometerlange kleine Kanäle zu den ‚Oasen' geleitet. Seit mehr als zwei Jahrtausenden gelingt es den Menschen hier, in den drei bis vier Monaten der Wachstumsperiode genug für den Rest des Jahres zu ernten. Gerste, Lauch, Möhren, ja selbst Aprikosen, wachsen hier in 3500 Meter Höhe auf dem Dach der Welt.

Viel hat sich jedoch in den letzten Jahrzehnten geändert. „Es ist wärmer geworden", antwortet die Tochter eines Bauern auf die Frage, was sich am meisten verändert habe. Im Juli war es früher tagsüber 15 bis 20 Grad, doch jetzt sind es um die 30 Grad. Nachts sind es 15 bis 20 Grad, doch da lagen die Temperaturen vor einigen Jahren noch um den Nullpunkt.

Auf Satellitenbildern kann man sehen, wie schnell die Gletscher im Himalaja schmelzen. Noch in diesem Jahrhundert sollen sie weitgehend verschwunden sein. Es ist völlig unklar, ob und wie die 150 000 Menschen in Laddakh mit dieser Entwicklung zurechtkommen werden.

Handlungsmöglichkeiten werden von den Einwohnern immer wieder diskutiert: Kann man Gletscherwasser auf die Nordseite der Berge umleiten, wo der Frost länger andauert, um so im Sommer einen verringerten Abfluss zu haben? Kann man Wasser vom Fuße des Himalaja nach oben pumpen?

Es wird auch manchmal gefragt, ob die Verursacher des globalen Klimawandels, die die Treibhausgase freisetzen und die ganz woanders sitzen – in den Industrieländern und den Industriezentren der Schwellen- und Entwicklungsländer – die notwendigen Anpassungsmaßnahmen hier mitfinanzieren werden. Werden sie uns einen neuen Lebensraum besorgen, wenn wir hier nicht mehr überleben können?

2 a Lesen Sie den Text über Laddakh im Himalaya und bringen Sie diese Themen in die richtige Reihenfolge.

i   der Pflanzenbau

ii mögliche Lösungen für die Eisschmelze

iii die Folgen des Klimawandels

iv die globale Ungerechtigkeit

v   das Bewässerungssystem

vi die trockene Landschaft

b 🔲 Machen Sie die Aufgabe auf dem Arbeitsblatt.

3 🎧🖥 Hören Sie sich den Bericht „Frauen, die sich selbst helfen" an und machen Sie die Aufgaben online.

4 🖥 Welche Auswirkungen haben Klimawandel, Umweltverschmutzung und der Raubbau natürlicher Ressourcen auf Menschen in ärmeren Ländern? Machen Sie drei Assoziationsdiagramme und vergleichen Sie sie in der Klasse.

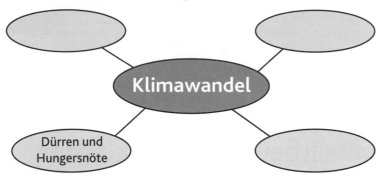

5 🎧 Hören Sie sich die Radiodiskussion „Globale Bedrohung, globales Handeln" an und beantworten Sie folgende Fragen auf Englisch.

Teil 1

i   Why are poor countries particularly susceptible to climate change? Give three reasons.

ii Why are people in poor countries doubly affected by bad harvests?

iii What two examples are given of problems due to poor infrastructure?

iv What is particularly unfair about global climate change?

Teil 2

v   What three duties do the rich nations have?

vi How can technology help poorer countries achieve sustainable development?

vii How can the G8 countries help African farmers adapt to hotter, drier weather?

viii Why should richer countries help poorer countries pay for adaptive measures?

6 🖥🖊 „Was kann man tun, um die Auswirkungen von Klimawandel und Raubbau in ärmeren Ländern zu vermindern?" Hören Sie sich die Fragen und die Beispielantworten in diesem Interview an. Nehmen Sie dann Ihre eigenen Antworten auf.

7 🖥 Beschreiben Sie Ungleichheiten hinsichtlich des Klimawandels zwischen armen und reichen Ländern. Schlagen Sie Handlungsmöglichkeiten für eine klimagerechte Welt vor.

💡 Grammatik

Personal, reflexive and relative pronouns

■ Personal pronouns (her, it, them, etc.) replace a noun, and adopt its case:
Sie hilft den Frauen. → Sie hilft **ihnen**.

■ Reflexive pronouns (myself, yourself, etc.) often have no direct translation:
Viel hat **sich** geändert.

■ Relative pronouns (who, whose, whom, which, that) agree in gender and number with the word they refer to. Their case depends on their function in the relative clause:
die Frauen, mit **denen** sie arbeitet
... (*dative plural: with* **whom**)

Schlüsselausdrücke

Inequality and vulnerability

die Entwicklungsländer/die ärmeren Länder

... sind am schwersten betroffen/sind die Hauptleidtragenden

... sind extrem/unverhältnismäßig/ besonders anfällig für ... (+ *accusative*)

... leiden viel mehr an ... (+ *dative*)

... sind von Hungersnöten/Wassermangel bedroht

... können sich teure Anpassungs- maßnahmen nicht leisten

... tragen die Hauptlast des/der ...

die globale Ungerechtigkeit/globalen Ungleichheiten

Possible solutions

sich wehren gegen (+ *accusative*)/sich schützen vor (+ *dative*)

sich anpassen an (+ *accusative*)

die Bildung/das Wissen/die gute Vorbereitung

die Technologiekooperation/die saubere Technologie

der Klimagipfel/der Klimavertrag/ Emissions-Reduktionsziele

Anpassungs- und Schutzmaßnahmen mitfinanzieren

Gerechtigkeit/Entwicklungschancen sicherstellen

C Gemeinsam handeln

Relaxen auf Kosten des Tropenwaldes.

Unterstützen Sie ROBIN WOOD im Kampf gegen Raubbau im Regenwald und falsche Ökosiegel! www.robinwood.d

Vokabeln

das Kyoto-Protokoll *international agreement on limiting greenhouse emissions*

die Stiftung(-en) *foundation, charity*

die Einsatzstelle(-n) *deployment location*

die Öffentlichkeitsarbeit *public relations, PR*

der ökologische Landbau *organic farming*

der Mehrwegbecher(-) *reusable cup/beaker*

eingesetzt werden *to be used*

das Pfandsystem *system of refundable deposit on return*

erobern *to conquer/to take over*

ökologisch sinnvoll *environmentally sound*

begeistert aufgenommen *enthusiastically received/accepted*

das Kontingent *allocation/share*

sich bewähren *to stand the test/to prove one's worth*

der Werbeträger(-) *advertiser*

1 Sehen Sie sich das Poster rechts an. Wogegen kämpft die Umweltorganisation Robin Wood mittels dieser Kampagne? Ist diese Anzeige Ihrer Meinung nach wirksam? Warum (nicht)? Besprechen Sie das in der Klasse.

Initiativen, die Umweltbewusstsein schaffen

Freiwilliges Ökologisches Jahr

Ozonloch, Hochwasser und Hitzewelle – die zahlreichen Umweltkatastrophen der letzten Zeit sprechen eine deutliche Sprache – und du sagst vielleicht „Was kann ich da schon machen? Kyoto ist weit weg, diese Demos sind total sinnlos und an einen Baum will ich mich auch nicht ketten". Das musst du auch nicht. Aber ein bisschen Zeit könntest du schon aufbringen, zum Beispiel für ein freiwilliges ökologisches Jahr.

Die Stiftung Naturschutz Berlin bietet jedes Jahr engagierten jungen Leuten die Möglichkeit, sich je nach Wunsch und Fähigkeiten in den verschiedensten Bereichen für den Umweltschutz einzusetzen.

In über 150 Einsatzstellen kannst du von der Arbeit mit Kindern über Umweltanalytik, Jugendumweltpolitik und Öffentlichkeitsarbeit bis hin zur Arbeit im ökologischen Landbau und neuen Technologien eine Menge Aufgaben im Umweltschutz kennen lernen und viele Berufe ausprobieren. Dabei wirst du von Fachleuten unterstützt.

Und das Resultat: Außer der Gewissheit, etwas für den Schutz unserer Umwelt zu tun, kannst du viel über Natur und Naturschutz erfahren, neue Bekanntschaften machen und dabei auch noch ein bisschen Geld verdienen.

Mit Mehrweg ein Tor für die Umwelt schießen!

Fußballfans in Österreich werden aufgerufen, Getränke nur in Mehrwegbechern zu kaufen. In den Europameisterschaft-Stadien in Wien, Klagenfurt, Salzburg und Innsbruck wurden ausschließlich 1,4 Millionen umweltfreundliche Mehrwegbecher mit Pfandsystem eingesetzt.

Wiens Umweltstadträtin Ulli Sima freut sich darüber, dass die waschbaren Pflandbecher – es wird pro Becher 1 Euro Pfand erhoben – nun auch ganz Österreich erobern.

„Wien hat bereits vor drei Jahren begonnen, dieses sowohl ökologisch als auch ökonomisch sinnvolle Mehrwegbechersystem aktiv zu unterstützen," erklärt Sima. „Bei Großveranstaltungen wie dem Wiener Donauinselfest, bei Konzerten, aber auch in der Stadthalle sind die Pfandbecher bereits die Norm und wurden von den Gästen und von den Gastronomen begeistert aufgenommen."

Die Stadt Wien besitzt ein eigenes Kontingent aus 45 000 Pfandbechern in eigenem Design, die sich bereits bei mehr als 360 verschiedenen Veranstaltungen bewährt haben. Dadurch, so Sima, konnten etwa 1,3 Millionen Plastik-Wegwerfbecher, und somit mehr als 14 Tonnen Müll und rund 100 Tonnen CO_2 eingespart werden. Für Werbeträger, die bei Veranstaltungen ihre eigenen Becher in eigenen Designs einsetzen, sind Pfandbecher natürlich auch viel sinnvoller als Wegwerfbecher, die einfach achtlos entsorgt werden.

2 a 💡 Lesen Sie den ersten Text „Freiwilliges Ökologisches Jahr" und machen Sie die Aufgabe online.

b Fassen Sie den Text auf Englisch kurz zusammen.

c Lesen Sie nun den zweiten Text über Mehrwegbecher und beantworten Sie folgende Fragen auf Deutsch.

   i   Wo und inwiefern werden Mehrwegbecher in Österreich benutzt?

   ii Warum sind waschbare Pfandbecher umweltfreundlich?

   iii Warum sind Mehrwegbecher bei Werbeträgern beliebt?

3 a 🎧 Hören Sie sich den Hörabschnitt „Drei Umweltaktionen" an und machen Sie sich für jede Aktion kurze Notizen zu den folgenden Fragen.

   i   Wer hat die Aktion organisiert und wo fand sie statt?

   ii Was wurde gefordert und warum?

   iii Was ist passiert?

   iv Wen sollte die Aktion beeinflussen?

1	2	3

b 🎧 Wählen Sie für jede Aktion zwei Ziele aus der Liste unten.

   i   Verbraucherverhalten ändern

   ii die Öffentlichkeit informieren und ein allgemeines Bewusstsein schaffen

   iii Druck auf Politiker ausüben

4 💡 Besprechen Sie folgende Fragen zu zweit oder in der Gruppe.

   i   Welche Strategien und Hilfsmittel benutzen Umweltgruppen, um ihre Ziele durchzusetzen?

   ii Welche Maßnahmen kann man in einer Aktion oder Kampagne rechtfertigen bzw. nicht rechtfertigen? Wie weit dürfen Aktivistinnen/Aktivisten gehen? Dürfen Sie z.B. Gewalt ausüben oder gesetzeswidrig handeln?

5 💡 „Umweltorganisationen spielen eine unentbehrliche Rolle beim Umweltschutz. Ohne sie würde sich nichts ändern." Schreiben Sie ca. 220 Wörter zum Thema.

🔖 Strategie

Complex sentences

To help yourself understand the structure of a complex sentence, try to underline those clauses or phrases which give the main thread of the sentence, and place brackets around dependent clauses or phrases which give additional information.

<u>Während die</u> (von dem geplanten Flughafenausbau betroffene) <u>Bevölkerung auf den Ausgang des Gerichtsverfahrens wartet,</u> (das vor einer Woche begonnen hat), <u>hat der Flughafenkonzern schon mit Arbeiten begonnen,</u> (die den Wald unwiderruflich schädigen werden).

Schlüsselausdrücke

The role and strategies of pressure groups

eine Protestaktion/die Besetzung eines öffentlichen Gebäudes/eine Demonstration veranstalten

Unterschriften sammeln/einen Wettbewerb organisieren

(gewaltfrei) demonstrieren/protestieren gegen (+ *accusative*)

Argumente vortragen/Vorschläge machen/Auskunft geben/ein Zeichen setzen

Politiker/Entscheidungsträger/Unternehmen unter Druck setzen

das Gewissen ansprechen/Schuldgefühle erregen/an das Rechtsgefühl appellieren

auffallende Bilder/einprägsame Slogans benutzen

Ways of raising awareness and changing behaviour

Aufmerksamkeit lenken auf (+ *accusative*)/etwas ins rechte Licht rücken

jemandem etwas bewusst machen/nahe bringen

die Öffentlichkeitsarbeit/die Lobbyarbeit/die Bildungsarbeit

etwas an die Öffentlichkeit bringen/sich die Medien zunutze machen

eine Aufklärungskampagne/Pressekampagne führen

Verhalten/Lebensgewohnheiten verändern

Menschen motivieren/anregen, über etwas nachzudenken/auf etwas umzusteigen

jemanden schockieren/aufrütteln/zum Handeln bringen/bewegen

Now you should be able to:

- ■ Discuss ways of minimising environmental damage

- ■ Consider responsibilities towards other nations, especially developing countries

- ■ Evaluate the role of pressure groups and talk about initiatives to improve awareness and change behaviour

Grammar

- ■ Use interrogative adjectives (*welcher*), interrogative pronouns (*wer, wen*) and interrogative adverbs (*worauf*)

- ■ Use personal, reflexive and relative pronouns

Skills

- ■ Understand the structure of complex sentences in reading texts

---

✓ Testen Sie sich!

1 Welches Wort hat nichts mit Regenwald-Zerstörung zu tun?

> Brandrodung   Beifang   Holzeinschlag
> Rinderzucht

2 Warum ist die Grundschleppnetz-Fischerei sehr umweltfeindlich?

3 Ergänzen Sie den Satz:

Das FSC-Gütesiegel garantiert, dass …

4 Finden Sie Synonyme für die folgenden Ausdrücke:
  a Mangel an Ernährung
  b Trockenzeiten
  c z.B. Cholera, Malaria
  d ungenügendes Wasser

5 Worüber spricht man hier?

Ärmere Länder mit neuen aufstrebenden Märkten, deren Wirtschaft schnell wächst.

6 Hier ist die Antwort. Was war die Frage?

Weil sie oft direkt von der Landwirtschaft abhängig sind und sich teure Anpassungsmaßnahmen nicht leisten können.

7 Welche drei Verpflichtungen haben die reichen Industrieländer gegenüber ärmeren Ländern?

8 Welches Wort passt hier nicht?

> Aktivist   Aktionsverein   Naturschutzverband
> Bürgerinitiative

9 Füllen Sie die Lücken aus.

Durch _____ und _____ versuchen Umweltorganisationen _____ zu schaffen und Verhalten zu verändern.

10 Finden Sie Antonyme zu den folgenden Ausdrücken:
  a verschwenden
  b gesetzestreu
  c sorgfältig
  d Mehrwegflasche

AQA   Examiner's tips

Listening
Listen to the transcript **in sections** as you work your way through the questions.

Speaking
Read **all the questions** on the stimulus card carefully. This will help you structure your answers.

Reading
As you study the text in order to understand the meaning, be alert to examples of German usage; e.g. to indicate a year, you can write either *im Jahre 1943* or simply the numeral *1943*, but **not** *in 1943*.

Writing
Check that you know the words you need. If you don't, think of some alternative way of saying what you want to say.

Ausländische Mitbürger
Einwanderung

4

By the end of this chapter you will be able to:

	Language	Grammar	Skills
A **Ausländische Arbeitnehmer, Aussiedler, Asylbewerber**	■ Discuss reasons for immigration	■ Understand and use the imperfect tense	
B **Einwanderung – Vorteile und Probleme**	■ Talk about benefits and problems of immigration for immigrants and for country of destination		■ Extend your range of vocabulary and structures
C **Migration in der EU**	■ Discuss migration within the enlarged EU and curbs on immigration	■ Understand and use the perfect tense	

■ Wussten Sie schon?

Eine deutsche Staatsangehörigkeit gibt es erst seit neuerer Zeit. Bis 1934 gab es nur eine Angehörigkeit zu den einzelnen Ländern des Deutschen Reichs. Die Reisepässe gaben zum Beispiel ‚Preußen' oder ‚Bayern' an.

Die Bundesrepublik ist heute ein Land, das Menschen aus dem Ausland willkommen heißt. Mehr als sieben Millionen ausländische Mitbürger, das sind fast 9% der Bevölkerung, leben hier. In manchen Großstädten sind über 30% der Bevölkerung ausländischer Herkunft.

Nur Istanbul und Ankara haben mehr türkische Einwohner als die deutsche Hauptstadt.

Tschüs, Deutschland! Im Jahre 2006 haben 155 000 Deutsche ihrer Heimat den Rücken gekehrt. Beliebteste Zielländer waren die Schweiz, die USA und Österreich.

■ Zum Aufwärmen

1 Was sehen Sie auf diesen Fotos?

2 Was ist der Zusammenhang zwischen diesen Fotos und dem Thema „Einwanderung"?

3 Warum, meinen Sie, ist Einwanderung in Deutschland ein so großes Thema? Diskutieren Sie in der Klasse.

Ausländische Arbeitnehmer, Aussiedler, Asylbewerber

Vokabeln

das Wirtschaftswunder *economic miracle*

ist auf (+ accusative) zurückzuführen *can be traced back to*

geeignet für (+ accusative) *suitable, fit for*

das Abkommen(-) *agreement, treaty*

der Anwerbestopp *recruitment ban*

nachholen *(here) to bring over (a person)*

einstig *past (adjective)*

die/der Asylbewerberin/ Asylbewerber(-) *asylum seeker*

die/der Fremde *(adjectival noun) alien (person in foreign country)*

die/der Aussiedlerin/Aussiedler(-) *ethnic German immigrant*

1 Menschen verlassen ihr Herkunftsland aus verschiedenen Gründen. Verbinden Sie die Aussagen links mit den Themen rechts.

i   Ich bin in meinem Herkunftsland arbeitslos.

ii Meine Verwandten leben schon in der Bundesrepublik.

iii Ich habe Angst vor Verfolgung wegen meiner politischen Einstellung.

iv Ich hoffe auf einen höheren Lebensstandard in Deutschland.

a   persecution

b   a more comfortable life

c   joining other members of the family

d   unemployment

2 a 💡 Lesen Sie diesen Text, dann machen Sie die Aufgaben online.

Gastarbeiter – willkommen in Deutschland!

Die Geschichte der Gastarbeiter in der Bundesrepublik ist fast so alt wie der Staat selbst. Sie ist auf das ‚Wirtschaftswunder' der Nachkriegszeit zurückzuführen. Obwohl es 1955 in der Bundesrepublik immer noch mehr als eine Million Arbeitslose gab, beklagten sich die Chefs der Stahlwerke, der großen Chemie-Konzerne und der Bauwirtschaft, sie hätten nicht genügend Arbeitskräfte. Viele Männer waren im Krieg gefallen, die Rolle der Frau war damals ganz anders und viele der Arbeitslosen waren für die Bedürfnisse der Industrie gar nicht geeignet. Man brauchte dringend junge, fleißige und kräftige Menschen, die schwere körperliche Arbeit leisten konnten.

Die deutsche Regierung begann also nun die ersten ‚Gastarbeiter' ins Land zu holen. Sie kamen aus süd- und südosteuropäischen Staaten, wo hohe Arbeitslosigkeit herrschte.

Das erste Abkommen mit Italien wurde im Dezember 1955 geschlossen und es folgten weitere Abkommen: 1960 mit Spanien und Griechenland, 1961 mit der Türkei, 1963 mit Marokko, 1964 mit Portugal, 1965 mit Tunesien und 1968 mit Jugoslawien. Die meisten Gastarbeiter hatten vor, eine Zeit lang in Deutschland Geld zu verdienen und dann in ihre Heimat zurückzukehren.

Bis 1966 stieg die Anzahl der offenen Stellen in Deutschland auf die Rekordhöhe von fast 680 000 und es kamen immer mehr ausländische Arbeitskräfte ins Land. Schon im September 1964 war ‚der millionste Gastarbeiter' gefeiert worden: der Portugiese Armando Rodriguez wurde mit einem großartigen Empfang am Bahnhof Köln-Deutz geehrt und bekam von den deutschen Gastgebern sogar ein Moped geschenkt.

Die Situation änderte sich in den siebziger Jahren: Die deutsche Wirtschaft ging zurück und die Arbeitslosigkeit nahm zu. Bundeskanzler Helmut Schmidt ordnete 1973 einen Anwerbestopp an – ab diesem Jahr durften keine neuen Arbeiter mehr nach Deutschland geholt werden. Drei Millionen Gastarbeiter hatten jedoch inzwischen die Bundesrepublik zu ihrer Heimat gemacht und ihre Familien nachgeholt, vor allem aus Süditalien, Jugoslawien und der östlichen Türkei. In vielen Fällen waren auch Kinder in der Bundesrepublik geboren worden.

Heute werden die einstigen ‚Gastarbeiter' nicht mehr als die ‚fremdeste' Bevölkerungsgruppe in Deutschland angesehen. Heute sind es vor allem Asylbewerber aus Afrika, Südostasien und dem Mittleren Osten, die als Fremde betrachtet werden, sowie Aussiedler aus ehemaligen deutschen Gebieten in Osteuropa.

b Beantworten Sie die Fragen auf Englisch.

   i How many unemployed people were there in the Federal Republic of Germany in 1955?

   ii Who complained about a shortfall of workers and why could it not be made up by unemployed people already in Germany?

   iii Which parts of Europe did the guest workers come from? Why?

   iv What event took place in September 1964?

   v What decision did Helmut Schmidt take in 1973? Why?

   vi What had three million guest workers already done by this time?

   vii Which groups of people are regarded as the most foreign in Germany today?

c Schreiben Sie eine Zusammenfassung (50 Wörter) des Textes, ohne ganze Sätze zu kopieren, und tragen Sie sie der Klasse vor.

3 🎧 Hören Sie sich jetzt ein Interview an und füllen Sie die Lücken aus.

   i Athena Mitropoulos war _____ Jahre alt, als sie nach Deutschland kam.

   ii Ihr Verlobter, Christos, lebte schon in _____ .

   iii Athena fand Arbeit in der Küche in einem _____ .

   iv Sie hat sich schnell an ihre neue _____ gewöhnt.

   v Das Leben in Deutschland war nicht so _____, wie man ihr erzählt hatte.

   vi Deutsche _____ halfen Eleni, ihre Kinder großzuziehen.

   vii Ihre Kinder besuchten zwei _____ .

   viii Christos hatte kein _____ gemacht, weil seine Eltern das nicht bezahlen konnten.

   ix Für Athena und Christos war es wichtig, dass ihre Kinder eine gute _____ bekamen.

   x Ihre Tochter Elissa ist _____ geworden.

   xi Die meisten von ihren Klienten sind _____ .

   xii Griechen der zweiten Generation sprechen oft _____ mit Elissa.

   xiii Elissa möchte als _____ wieder in Griechenland leben.

   xiv Ihre Mutter _____ gern ein paar Monate bei ihrer Familie in Griechenland, aber sie will in Deutschland bleiben.

4 Spielen Sie die Rolle einer Journalistin/eines Journalisten! Machen Sie eine Liste von Fragen, die Sie an eine(n) ausländische(n) Arbeitnehmerin/Arbeitnehmer stellen könnten, um möglichst viel über ihr/sein Leben herauszufinden. Erstellen Sie dann einen Dialog zu zweit in der Klasse.

5 a 💡 Wie war das Leben der ausländischen Arbeitnehmer der ersten Generation? Benutzen Sie die Schlüsselausdrücke und die Ideen auf dem Arbeitsblatt, um zehn Sätze zu diesem Thema zu schreiben.

b Stellen Sie sich vor, Sie sind Athena Mitropoulos. Schreiben Sie 150–200 Wörter über Ihre Lebensgeschichte und über Ihre Hoffnungen für die Zukunft Ihrer Familie.

c 💡 Machen Sie die Aufgabe auf dem Arbeitsblatt.

💡 **Grammatik**

The imperfect tense

■ The imperfect tense, also known as the simple past tense, is used to describe actions and situations in the past, just like the perfect tense. In most cases the two tenses have the same meaning, although the perfect tense can also refer to past actions or events which have a relevance to the present.

■ The imperfect tense is often used in formal written German, but it also occurs in speech, especially with frequently used verbs such as *haben*, *sein* and the modals.

Ich musste Arbeit suchen.

Ich hatte weniger Freizeit.

Er wartete auf mich.

Sie gewöhnte sich schnell an die Umgebung.

Sie heirateten gleich nach ihrer Ankunft.

■ **Schlüsselausdrücke**

Migrant workers

… kamen nach Deutschland/in die Bundesrepublik.

… wurden aus Italien/aus der Türkei geholt/angeworben.

… mussten körperliche Arbeit machen.

Die Zahl der Arbeitslosen/der offenen Stellen …

… nahm zu/stieg.

… ging zurück.

Die Gastarbeiter hofften auf …

Vokabeln

deutschstämmig *of German origin*

die Aussiedlung *resettlement*

sich einig sein über (+ accusative) *to agree on*

sich entschließen zu (+ dative) *to decide*

die Rente *pension*

begabt *gifted*

der Gemeinschaftssinn *sense of community*

1 Lesen Sie den Text „Russe mit deutschem Pass" und finden Sie Synonyme im Text.

i   Erlebnisse

ii Motive

iii glücklich

iv Gelegenheiten

v   Menschen, die ich kenne

vi nicht erlauben

Russe mit deutschem Pass

Aussiedler sind deutschstämmige Mitbürger, deren Familien seit Generationen in Osteuropa lebten. In den 90er Jahren, nach dem Zusammenbruch des Kommunismus, kamen über eine Million Aussiedler nach Deutschland. Dmitrij aus Krasnojarsk spricht von seinen Erfahrungen.

Seit wann leben Sie in der BRD?

Ich bin Dezember 1999 mit meiner Tochter, meiner Frau und deren Eltern nach Deutschland gekommen.

Was waren die Gründe für die Aussiedlung?

Meine Schwiegermutter war einmal zu Besuch bei ihrer Schwester in Düsseldorf und fand das Leben in Deutschland unheimlich gut. Sie und ihr Mann stammen beide aus deutschen Familien.

Waren sich alle Familienmitglieder einig? Wollten sie alle nach Deutschland aussiedeln?

Nein. Mein Schwiegervater war zufrieden mit dem Leben in Krasnojarsk. Dort konnten wir uns vergleichsweise mehr leisten als jetzt in Deutschland. Als nach drei Jahren schließlich die Erlaubnis zur Ausreise kam, brauchten wir ein Jahr, bis wir uns dazu entschlossen hatten.

Und wie ist es jetzt?

Für meine Schwiegereltern wäre ein Leben in Russland jetzt unvorstellbar, auch wenn die deutsche Rente nicht hoch ist. Die Zukunft meiner Tochter sieht in Deutschland besser aus; für begabte Kinder gibt es in Russland kaum Ausbildungsmöglichkeiten: Malschule, Ballett, das wäre alles sehr teuer. Meine Frau hat als Ärztin hier gute Chancen. Ich vermisse meine Freunde; hier gibt's Bekannte, aber Freunde, das ist etwas anderes. Als Rentner kehre ich vielleicht wieder zurück in ein kleines russisches Dorf.

Was sind die wichtigsten Unterschiede zwischen dem Leben in Russland und dem Leben in der Bundesrepublik?

Wegen der schwierigen ökonomischen und sozialen Lage in Russland entwickeln die Menschen einen starken Gemeinschaftssinn.

Oft werden Familien aus Überlebensgründen gegründet. Die Kindererziehung ist sehr autoritär. Eltern verlangen Respekt und erklären ihren Kindern nicht, warum sie etwas verbieten. In Deutschland sind Eltern eher bereit auf Kompromisse einzugehen und erklären ihren Kindern die Gründe für ein Verbot.

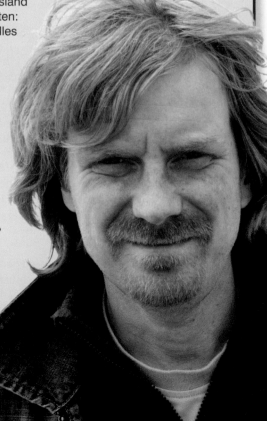

2 a Beantworten Sie die Fragen mit Ihren eigenen Wörtern auf Deutsch.

    i   Wie lange wohnt Dmitrij schon in der Bundesrepublik?

    ii   Warum kam er in die Bundesrepublik?

    iii Warum wollte sein Schwiegervater zuerst in Russland bleiben?

    iv Wie denken Dmitrijs Schwiegereltern heute über das Leben in der Bundesrepublik?

    v   In welcher Hinsicht hat seine Tochter eine bessere Zukunft in Deutschland?

    vi Warum wird Dmitrij wohl nach Russland zurückkehren?

    vii Welche Unterschiede zwischen dem Leben in Russland und in der Bundesrepublik sind Dmitrij wichtig? Fassen Sie den letzten Absatz zusammen.

b Führen Sie das Interview weiter mit noch Fragen und Antworten!

- Beziehungen zu deutschen Nachbarn und Kollegen?
- Sprachprobleme?
- Wohnung?
- Freizeitaktivitäten?
- Besuche in Russland?
- Dmitrijs Tochter – Russin oder Deutsche?
- Finanzielle Lage der Familie in Deutschland?
- Land ihrer Träume?

3 a 🎧 Hören Sie sich den Bericht über die Lebensbedingungen von Asylbewerbern in Deutschland an. Welche der folgenden Themen werden in diesem Bericht erwähnt?

    i   das deutsche Grundgesetz

    ii   die Schule, die Majid Rihanian besuchte

    iii das Studium, das er machte

    iv seine Berufspläne

    v   warum er seinen Beruf nicht ausüben durfte

    vi die Kosten seiner Flucht

    vii die Leute, die ihm bei der Flucht halfen

    viii warum Rihanian in Sachsen – und nicht in einem anderen Bundesland – wohnt

    ix warum sein Status als Asylbewerber ungeklärt ist

    x   Kontakte zu seiner Familie

    xi Einkaufsmöglichkeiten

    xii Rihanians Wunsch zu arbeiten

    xiii Rückkehr in den Iran

b 💡🎧 Hören Sie noch einmal zu und machen Sie die Aufgaben online.

4 💡✎ Hören Sie sich das Interview mit einer Asylbewerberin an. Nehmen Sie Ihre eigenen Antworten auf die Fragen auf.

5 a 💡 Übersetzen Sie den Text auf dem Arbeitsblatt ins Englische.

b Stellen Sie sich vor, Sie sind entweder als Aussiedlerin/Aussiedler oder Asylbewerberin/Asylbewerber nach Deutschland gekommen. Schreiben Sie einen Artikel von ca. 150 Wörtern und beschreiben Sie Ihr Leben in Deutschland. Benutzen Sie die Schlüsselausdrücke.

🔑 **Strategie**

Extend your range of vocabulary and structures

1 When writing and speaking on a topic, it is useful to find more than one way of expressing a concept or idea:

der Einwanderer → der Immigrant

Probleme → Schwierigkeiten

die Erlaubnis → die Genehmigung

festnehmen → verhaften

2 You can use different parts of speech (e.g. noun, verb, adjective) or change the sentence structure completely:

Sie üben Gewalt aus. → Sie sind gewalttätig.

... um die Wirtschaft in Schwung zu halten → ... damit die Wirtschaft stark bleibt

Sie hoffen auf eine baldige Rückkehr. → Sie hoffen, bald zurückzukehren.

■ **Schlüsselausdrücke**

Problems of migration

Sie/Er plante einen kurzen Aufenthalt in Deutschland.

Der Aufenthalt ist inzwischen länger geworden.

Ich vermisse mein Heimatland/Herkunftsland.

Ich habe noch Verwandte in …

Meine Kinder wachsen zweisprachig auf.

Ich will eines Tages nach … zurückkehren.

Für meine Kinder kommt eine Rückkehr nicht in Frage.

Die Vielfalt an Kulturen kann auch zu Konflikten führen.

Deutschland ohne Migranten ist kaum vorstellbar.

1 💡 Schauen Sie sich die Landkarte auf dem Arbeitsblatt an und beantworten Sie diese Fragen.

i   Was bedeutet die Abkürzung EU?

ii Wie viele Länder gehörten vor dem 1. Mai 2004 der EU an?

iii Was passierte am 1. Mai 2004 und am 1. Januar 2007?

iv In welcher Situation befindet sich die Türkei?

Arbeitsmigranten in der EU

Jeder EU-Bürger hat das Recht, in allen Ländern der Europäischen Union zu arbeiten. Doch für die neuen Mitglieder gilt das nur eingeschränkt. Seit der EU-Erweiterung 2004 nach Osten können die alten EU-Länder ihren Arbeitsmarkt für eine Übergangszeit von maximal sieben Jahren vor Arbeitnehmern aus den neuen Mitgliedstaaten schützen. Die Regeln sind von Land zu Land unterschiedlich. Die Begründung dafür: Die alten EU-Länder haben Angst, dass billige Arbeitskräfte aus Osteuropa ihre Arbeitsmärkte überschwemmen könnten.

Bei der EU-Erweiterung haben Großbritannien, Irland und Schweden ihre Arbeitsmärkte ganz und sofort geöffnet. Weit mehr Arbeiter als erwartet sind aus den neuen EU-Ländern gekommen. In Großbritannien haben sich in den ersten zwei Jahren 447 000 Arbeitnehmer aus den neuen EU-Ländern registrieren lassen. Obwohl die Arbeitsmigranten gut für die britische Wirtschaft waren, sind negative Berichte über die Ausbeutung der Arbeiter und über die schlechte soziale Versorgung in der Presse erschienen. Man hat sich sogar über einen Anstieg der Kriminalität Sorgen gemacht. Als 2007 Rumänien und Bulgarien der EU beigetreten sind, hat die britische Regierung ihren Arbeitsmarkt für Arbeitnehmer aus diesen Ländern geschlossen.

Deutschland und Österreich haben für die neuen Mitgliedstaaten Übergangsregeln eingeführt. Beide Länder haben ihr Arbeitserlaubnissystem vorläufig beibehalten. Trotz dieser Regelung hat Deutschland jedoch ebenso viele registrierte Arbeitnehmer aus osteuropäischen Ländern aufgenommen wie Großbritannien. Viele Polen sind zum Arbeiten nach Deutschland gekommen und dann bald wieder nach Hause gefahren. In manchen Bereichen hat sich das als sehr sinnvoll erwiesen, zum Beispiel im Pflegesektor oder bei Saisonarbeitskräften in der Landwirtschaft.

Allerdings hat die Presse in den neuen Mitgliedstaaten von einer „EU-Mitgliedschaft zweiter Klasse" berichtet und eine Aufhebung aller Beschränkungen gefordert. Die Bulgarin Maglena Kuneva, die den EU-Beitritt ihres Landes vorbereitet hatte, sagte am 26. Oktober 2006: „Die Großzügigkeit der Briten, Iren und Schweden gegenüber den zehn letzten Beitrittsländern war für mich in Bulgarien ein gern benutztes Argument für die EU. Ich habe erwartet, dass man sich uns gegenüber genauso verhält." Doch nur Schweden hat seinen Arbeitsmarkt für alle offen gehalten.

Vokabeln

das Mitglied(er) *member*

die EU-Erweiterung nach Osten *eastward expansion of the EU*

eingeschränkt *restricted*

die Übergangszeit *period of transition*

überschwemmen *to swamp*

die Ausbeutung *exploitation*

schließen *to close*

beibehalten *to maintain*

sich erweisen *to turn out to be*

der Pflegesektor *nursing*

die Aufhebung *lifting*

die Großzügigkeit *generosity*

2 a 💡 Lesen Sie den Text oben und machen Sie die Aufgaben online.

b Beantworten Sie die Fragen auf Englisch.

i   What restrictions can apply to the new member states of the European Union?

ii   How are those restrictions justified?

iii What policy did the UK, Ireland and Sweden adopt in 2004?

iv   What negative effects of the influx of Eastern European workers into the UK were reported?

v   What was the UK's policy regarding the two states that joined the EU in 2007?

vi   Why is it surprising that Germany took as many workers from the new EU countries as the UK did?

vii Why was the influx of foreign workers into Germany welcomed?

viii How did the press in some Eastern European countries view the restrictions?

ix   Who is Maglena Kuneva, and why was she disappointed?

3 a ▣ Sehen Sie sich das Video an, in dem vier junge Deutsche – Fabian, Katharina, Nina und Luca – ihre Meinung zum Thema „Einwanderung" äußern. Wer sagt was?

   i   Nicht alle Einwanderer können gut Deutsch.

   ii   Ich kenne jemanden, der aus dem Ausland kommt.

   iii Ein Arbeitgeber sollte den besten Bewerber für eine Arbeitsstelle wählen, egal ob er Deutscher oder ausländische Mitbürger ist.

   iv Die Einstellung von ausländischen Arbeitskräften sollte in bestimmten Berufsbranchen gefördert werden.

   v   Ausländische Mitbürger, die Verbrechen begehen, sollten Deutschland verlassen.

   vi Ausländische Mitbürger sollten sich so verhalten, dass sie von den Deutschen akzeptiert werden.

   vii Menschen aus dem Ausland sind alle verschieden. Unter ihnen gibt es gute und schlechte Menschen, wie überall.

   viii Es gibt zu viele Einwanderer in Deutschland.

   ix Manche ausländische Mitbürger leben auf unsere Kosten.

   x   Es ist gut, wenn sich Einheimische und ausländische Mitbürger gegenseitig kennen lernen.

b Welchen Aussagen stimmen Sie zu? Welchen nicht? Warum?

c ▣ Fassen Sie in ca. 100 Wörtern die Ideen zusammen, die die vier jungen Deutschen im Video ausdrücken. Geben Sie auch Ihre persönliche Meinung dazu.

4 a 💡 Lesen Sie den Text „Die Tschechen bleiben nicht" auf dem Arbeitsblatt. Beantworten Sie dann die Fragen auf Deutsch.

b Rollenspiel. Lesen Sie den Text noch einmal. Eine Person spielt die Rolle einer Journalistin/eines Journalisten, und die andere Person spielt die Rolle von Jana. Diskutieren Sie über die Situation der tschechischen Arbeitnehmer in Deutschland.

5 Stellen Sie sich vor, Sie wollen eine Zeit lang in einem anderen EU-Land studieren oder arbeiten. Welches Land wählen Sie? Warum? Erklären Sie der Klasse Ihre Entscheidung.

💡 Grammatik

The perfect tense

◼ The perfect tense is used to describe actions and situations in the past, just like the imperfect tense. It is often used in speech and informal written German.

◼ The perfect tense comprises an auxiliary verb and a past participle. The auxiliary is *haben* for most verbs, including all reflexives, but *sein* is used for intransitive verbs of motion or change of state, and for the verbs *sein* and *bleiben*.

Man **hat** sich Sorgen **gemacht**

Weit mehr Arbeiter als erwartet **sind gekommen**.

Ich **bin** sehr glücklich **gewesen**.

Er **ist** zu Hause **geblieben**.

◼ Schlüsselausdrücke

The European Union

Die EU-Erweiterung nach Osten hat … verursacht.

… hat negative/positive Auswirkungen gehabt.

Man hatte Angst vor einer Flut von Einwanderern.

Die Einwanderung bringt der Bundesrepublik Vorteile/Nachteile.

Hochqualifizierte Arbeitnehmer aus Osteuropa sind gefragt.

Ungelernte Arbeitskräfte werden ausgenutzt.

Die Wirtschaft braucht Arbeitskräfte aus dem Ausland.

Now you should be able to:

- ■ Discuss reasons for immigration
- ■ Talk about benefits and problems of immigration for immigrants and for country of destination
- ■ Discuss migration within the enlarged EU and curbs on immigration

Grammar

- ■ Understand and use the imperfect tense
- ■ Understand and use the perfect tense

Skills

- ■ Extend your range of vocabulary and structures

✓ Testen Sie sich!

Ergänzen Sie diese Sätze.

1 Fast ... Prozent der Bevölkerung Deutschlands kommen aus dem Ausland.

2 Die deutsche Regierung hat Arbeiter aus dem Ausland angeworben, weil ... .

3 Einwanderer aus ehemaligen deutschen Gebieten in Osteuropa werden als ... bezeichnet.

4 Die Aussage von Max Frisch „Man hat Arbeitskräfte gerufen, aber es kamen Menschen" bedeutet: ... .

5 In Deutschland werden nur ... Prozent der Asylanträge anerkannt.

6 Asylbewerber dürfen nicht arbeiten, solange ... .

7 Das Asylrecht soll Menschen unterstützen, die ... .

8 Tschechien ist eines der Länder, das ... .

9 Deutschland und Österreich haben ihr Arbeitserlaubnissystem beibehalten, weil ... .

10 Manche Tschechen wollen nur ein paar Jahre in Deutschland bleiben, weil ... .

AQA Examiner's tips

Listening

Remember that some words **sound the same but have different meanings** so if, for example, you hear the word *Essen* or *Leben* and think of them as verbs, ask yourself if they could be nouns and therefore have a different meaning. Ask yourself whether there are other words that sound alike, such as *wieder* and *wider*, *dass* and *das*, *Bären* and *Beeren*.

Speaking

Even if you are not interested in the topic on the speaking stimulus card, you can still do well in the exam, because there will always be an opportunity for you to give your **opinions** and to **explain** why you are not interested in the topic at hand.

Reading

When you read the whole text through, **underline key words and phrases**, and/or **make notes in the margin**. This will help you navigate in the text for answers later. Remember to cross out your workings afterwards.

Writing

Always check for **clues in the task:**

a Who are you writing to?

b Is it formal or informal?

c What type of response is required? (letter/e-mail/article, etc.)

5 Ausländische Mitbürger
Integration

By the end of this chapter you will be able to:

	Language	Grammar	Skills
A Integration – Probleme und Erfolg	■ Talk about factors making integration difficult and factors facilitating integration	■ Understand and use the passive	
B Zwischen zwei Welten	■ Consider the question 'To which culture should immigrants show loyalty?'		■ Justify and defend a point of view
C Jeder Mensch ist anders	■ Examine the experiences of individual immigrants	■ Understand and use impersonal verb constructions	

■ Wussten Sie schon?

In Deutschland stammen mehr als ein Viertel der Kinder und Jugendlichen im Alter bis zu 25 Jahren aus Zuwandererfamilien.

Drei Viertel der Jugendlichen mit türkischen Eltern sind in Deutschland geboren und aufgewachsen, aber weniger als ein Drittel dieser Jugendlichen spricht im Alltag überwiegend Deutsch.

Die Arbeitslosenquote bei Menschen aus Zuwandererfamilien ist wesentlich höher als in der Gesamtbevölkerung.

Migranten können in der Arbeitswelt Erfolg haben: Über 300 000 Menschen mit Migrationshintergrund haben Unternehmen gegründet und eine Million Arbeitsplätze geschaffen.

Integration von Zuwanderern ist ein zentrales Thema der deutschen Politik. Bundesinnenminister Wolfgang Schäuble erklärte: „Die Deutschen sollten lernen, dass Zuwanderung keine Bedrohung, sondern eine Chance für das Land ist."

■ Zum Aufwärmen

1 Was hat dieses Bild mit dem Thema „Integration" zu tun?

2 Welche Wörter verbinden Sie mit dem Begriff „Integration"? Machen Sie ein Assoziogramm.

Sprachkenntnisse

Integration

Staatsangehörigkeit

3 Ausländische Bevölkerung in Deutschland – Woher kommen sie?

Türkei 1 713 551
Italien 528 318
Polen 384 808
Serbien, Montenegro 330 608
Griechenland 294 891
Kroatien 225 309
Russische Föderation 187 835
Österreich 175 875
Bosnien und Herzegowina 158 158
Niederlande 128 192
Ukraine 126 960
Portugal 114 552

Deutschland Gesamtbevölkerung 82 217 837
Ausländische Bevölkerung 7 255 395 (8,8%)

Statistisches Bundesamt 2007

Vokabeln

der Beauftragte, ein Beauftragter *(adjectival noun) representative*

das Leitbild(er) *model (to be followed)*

der Zusammenhalt *cohesion*

Ehe schließen *to enter into marriage*

anpassen *to adapt*

das Markenzeichen(-) *trade mark*

prägen *to shape, mould*

türkischstämmig *of Turkish origin*

risikofreudig *prepared to take risks*

gründen *to establish*

---

1 Lesen Sie die Aussagen zum Thema „Integration". Welche Aussagen beziehen sich auf günstige Gelegenheiten oder Erfolge und welche beziehen sich auf Hindernisse oder Probleme?

> **Wir bieten kostenlose Sprachkurse an.**

> **Es fällt uns schwer, die nötigen Qualifikationen zu bekommen.**

> **Ohne Arbeit fehlen mir Kontakte zu Deutschen.**

> **Migranten und Deutsche treffen sich regelmäßig in der Schule.**

> **Die Einwanderer wohnen nicht mehr in Gettos.**

> **Ich habe wenig Interesse an dieser fremden Kultur.**

2 a Lesen Sie diesen Text.

Berlin: Stadt der vielen Kulturen

Günter Piening ist Beauftragter für Integration und Migration der Stadt Berlin. Hier spricht er über das Zusammenleben der unterschiedlichen Kulturen.

Herr Piening, was macht Berlin für Einwanderer so attraktiv?

Menschen aus aller Welt haben hier das Gefühl, zu Hause zu sein. Berlin war schon immer eine Zuwanderungsstadt und hat von den Sichtweisen seiner internationalen Bürger sehr profitiert.

Welche Strategie verfolgt Berlin bei der Integration?

Unser Leitbild heißt: „Vielfalt fördern – Zusammenarbeit stärken". Vielfalt fördern bedeutet, dass die internationale Bevölkerung Berlins als kostbare Ressource betrachtet wird. Die Pluralisierung von Lebenswelten führt aber auch zu Konflikten. Daher müssen neue Möglichkeiten gefunden werden, den Zusammenhalt in der Stadt zu stärken. Das gelingt uns vergleichsweise gut. Verschiedene Migrantengruppen haben miteinander Kontakt und arbeiten zusammen. Jede vierte in Berlin geschlossene Ehe ist bikulturell.

Welche Schwierigkeiten gibt es bei der Integration neuer Bürger?

Es gibt zwei Hauptprobleme: Zum einen müssen wir das Bildungssystem an die Bedürfnisse der Migranten anpassen. Zum anderen gingen nach der Wiedervereinigung viele industrielle Arbeitsplätze verloren. Dadurch gab es unter den Migranten eine hohe Arbeitslosigkeit.

Wie verändern die Zugewanderten die Stadt?

Man sieht es in den Einkaufsstraßen, an den Universitäten, in Unternehmen. Berlin ohne Zuwanderer ist überhaupt nicht vorstellbar. Die Kulturen der Zuwanderer sind ein Markenzeichen der deutschen Hauptstadt. Eine Million Besucher feiern jedes Jahr zusammen den Karneval der Kulturen. Auch die Clubszene ist stark von jungen Migranten geprägt.

Spielen die Menschen mit ausländischem Pass auch wirtschaftlich eine Rolle?

Gerade die türkischstämmigen Berliner sind sehr risikofreudig. Über 6000 Unternehmen sind hier von Migranten gegründet worden. Das ist deutlich höher als bei den deutschstämmigen Bürgern. Auch politisch engagieren sich die Zuwanderer in Berlin immer stärker.

Wie wird die Gesellschaft Berlins in 20 Jahren aussehen?

Ähnlich wie heute schon: Sie wird die ganze Welt in einer Stadt vereinen. Berliner nichtdeutscher Abstammung werden sich nicht mehr als Ausländer fühlen. Das tun sie auch heute nicht.

b Beantworten Sie die Fragen auf Englisch.

i   What role does Günter Piening have?

ii What makes Berlin attractive for people from other countries?

iii What are the **two** key aspects of Berlin's strategy for integration?

iv What **two** pieces of evidence suggest that the strategy is successful?

v   What **two** difficulties are mentioned?

vi What comments does Günter Piening make about the cultural influence of migrants?

vii What **two** pieces of evidence show how economically important migrants are?

viii According to Günter Piening, what will Berlin be like in 20 years' time?

c 💡 Machen Sie die Aufgaben online.

3 a 🎧 Hören Sie sich diesen Bericht über Integrationsprojekte an Schulen an. Ans Mikrofon kommen:

- Christa Ixmeier, Schulleiterin der Klopstock-Schule in Halle
- Lukas Schweizer, Rektor der Keller-Grundschule in Stuttgart
- Maria Wohl, Direktorin der Hoffmann-Schule in Bern

b 🎧 Was erfahren wir über die Kinder, die Eltern und die Lehrer der drei Projekte? Machen Sie Notizen für jede Gruppe.

c 🎧 Beantworten Sie diese Fragen auf Englisch.

i   When the Klopstock-Schule holds its *Ländertage*, what topics do the parents talk about?

ii   Why are the exhibitions arranged by theme, not by country?

iii Who else benefits from the Ländertage?

iv   What point is made about clichés and prejudice?

v   Where do the homework sessions organised by the Keller-Grundschule take place?

vi   What point is made about motivation?

vii In addition to completing homework tasks, what do the children from non-German backgrounds learn?

viii What is the aim of the *Internationales Kochbuch* project in Bern?

ix   What do the children of different backgrounds learn?

x   What additional benefit does this project bring?

4 a 💡 Stellen Sie sich vor, Sie haben die Aufgabe, die Integration der Migranten in Ihrer Stadt zu fördern. Wie wollen Sie das erreichen? Sehen Sie sich das Arbeitsblatt an und bereiten Sie einen Vortrag vor.

b 💡✎ Hören Sie zu und machen Sie das Rollenspiel online.

5 a 💡 Übersetzen Sie den Text „Integrationsprobleme" auf dem Arbeitsblatt ins Englische.

b Was verstehen Sie unter dem Begriff „Integration"? Wie kann man die Integration von Migranten in ihre neue Heimat erleichtern? Schreiben Sie 200 Wörter zu diesem Thema. Benutzen Sie die Schlüsselausdrücke.

💡 **Grammatik**

The passive

▪ The active form often places the emphasis on the person or thing initiating an action, while the passive form places the emphasis on the person or thing on the receiving end of an action.

▪ As in English, the passive is formed by combining a past participle with the appropriate tense of the auxiliary verb. However, the auxiliary verb in German is usually *werden* whereas in English it is 'to be', so care is needed when translating.

Das Bundesamt **fördert** die Integration von Migranten. (*active*)
Die Integration von Migranten **wird** vom Bundesamt **gefördert**. (*passive*)

Sie **beseitigen** Klischees und Vorurteile. (*active*)
Klischees und Vorurteile **werden beseitigt**. (*passive*)

💡 Schlüsselausdrücke

Talking about integration

Man setzt sich für … ein.

Man fördert …

… das Zusammenleben unterschiedlicher Kulturen.

… Kontakt mit und zwischen verschiedenen Migrantengruppen.

… die Beseitigung von Klischees und Vorurteilen.

… ein Vertrauensverhältnis zwischen ausländischen Mitbürgern und Einheimischen.

… eine Erweiterung des eigenen Horizontes.

Man betrachtet das Anderssein wertfrei.

Die ausländischen Mitbürger fühlen sich gewürdigt.

Vokabeln

ziehen nach *to move to*

verschlagen *to take (a person somewhere, often unexpected)*

die/der Deutschstämmige *person of German origin*

der Pendler(-) *commuter*

der Rentner(-) *pensioner*

liegen an *(+ dative) to be due to*

das Verbot(e) *prohibition*

aufbauen *to build (e.g. a life)*

das Heimweh *homesickness*

neidisch *envious*

achten auf *(+ accusative) to pay attention to*

1 Lesen Sie diesen Bericht über die zweite Generation türkischer Migranten. Sind die Aussagen unten richtig oder falsch?

Eine Studie der Universität Oldenburg hat Folgendes ergeben: Die Situation der türkischen Migrantinnen und Migranten, die in der zweiten oder dritten Generation in Deutschland leben, ist weiterhin schwierig. Türkische Migranten sind überproportional als unqualifizierte Arbeiter in der Industrie beschäftigt und haben mit über 20% die höchste Arbeitslosenquote unter den Migrantengruppen. Die berufliche Situation der Frauen stellt sich ebenfalls als äußerst problematisch dar. Sie heiraten oft sehr früh und die Geburt des ersten Kindes versperrt ihnen den Zugang zum Arbeitsmarkt. Viele Frauen fühlen sich dann isoliert, weil sie den ganzen Tag zu Hause verbringen.

i Die zweite Generation der Migranten hat es leichter als die erste.

ii Viele türkische Migranten sind unqualifizierte Arbeiter.

iii Fast 20% der türkischen Migranten sind arbeitslos.

iv Frauen haben weniger Probleme als Männer im Arbeitsmarkt.

v Mütter finden es schwerer als kinderlose Frauen, einen Arbeitsplatz zu finden.

2 Lesen Sie diesen Text und beantworten Sie die Fragen auf Deutsch.

Eine Deutsche in Istanbul – Leben zwischen zwei Welten

Solange Franca Landau sich erinnern kann, fühlt sie sich als ‚Ausländerin'. Ihre Eltern sind deutsch, aber die ersten sieben Jahre ihres Lebens verbrachte sie im Iran, wo sie zur Welt kam. In der Grundschule lernte sie Deutsch und vom Kindermädchen ein wenig Persisch. Später zog ihre Familie in die Türkei.

Sie besuchte ein englischsprachiges Gymnasium in Istanbul, denn der Vater wusste nicht, wohin sein Beruf ihn verschlagen würde. Da Franca auf diese Schule ging, hatte sie wenig Kontakt zu türkischen Jugendlichen.

Wie viele Deutschstämmige in der Türkei leben, ist statistisch nicht klar. Es werden Zahlen zwischen 50 000 und 100 000 genannt. Viele bleiben Pendler zwischen den Welten: Rentner, die einen Teil des Jahres in Deutschland und den anderen in der Türkei verbringen. Manche kamen einst aus beruflichen Gründen in die Türkei und blieben länger als geplant. Dass sie Türkisch nie richtig lernen, liegt – wie bei türkischen Arbeitnehmern der ersten Generation in Deutschland – daran, dass sie anfangs meist nur einen kurzen Aufenthalt planten.

Franca Landau sieht Parallelen zu türkischen Migrantenkindern in Deutschland, wenn sie ihre Kindheit beschreibt. Die Ängste des Vaters führten zu vielen Verboten. „Ich durfte erst mit 16 Jahren allein den Bus nehmen und fing mit 17 an, einen Freundeskreis aufzubauen", erzählt sie.

Heute sieht Franca ihr Leben zwischen den Welten als Privileg an. In Istanbul hat sie es oft leichter als ihr türkischer Freund Cem, der in Deutschland aufgewachsen ist. Als er in die Türkei kam, musste er sich erst einmal der türkischen Lebensweise anpassen.

Franca tröstet sich bei jedem Deutschlandbesuch mit der türkischen Migrantenkultur, wenn sie Heimweh bekämpfen will. „Sie können sich gar nicht vorstellen, wie begeistert der türkische Gemüsehändler in der süddeutschen Kleinstadt meiner Großeltern ist, wenn ich Türkisch mit ihm spreche," sagt sie. Sogar ihr türkischer Freund Cem wird dann neidisch. In Deutschland achtet er darauf, nicht als Türke identifiziert zu werden – und in der Türkei gilt er als ‚Almanci', als ‚Deutschländer'.

i   Wo ist Franca Landau geboren?

ii   Warum besuchte sie eine englischsprachige Schule in der Türkei?

iii Warum ist es schwer zu sagen, wie viele Deutschstämmige in der Türkei leben?

iv   Was haben viele Deutschstämmige, die in der Türkei leben, mit den ersten türkischen Arbeitnehmern in Deutschland gemeinsam?

v   In welcher Hinsicht vergleicht Franca ihre Kindheit mit der Kindheit eines türkischen Migranten in Deutschland?

vi   Inwiefern fällt es Francas Freund Cem schwer, in der Türkei zu leben?

vii Wie nutzt Franca die türkische Migrantenkultur, wenn sie Deutschland besucht?

viii Was zeigt, dass Cem tatsächlich zwischen zwei Welten lebt?

3 a 🎧 Ein Leser spricht über das Buch „Zu Hause sein – mein Leben in Deutschland und Vietnam", von Minh-Khai Phan-Thi. Hören Sie sich das Interview an und beantworten Sie die Fragen auf Deutsch.

   i   Wo ist Minh-Khai Phan-Thi geboren?

   ii   Warum hat der Leser das Buch gewählt?

   iii Wie hat er das Buch gefunden?

   iv   Auf welche Weise waren die Eltern von Minh-Khai Phan-Thi anders als die Eltern des Lesers?

   v   Wie findet der Leser diesen Unterschied?

   vi   Was sagt das Buch über das Leben zwischen zwei Kulturen?

   vii Welchen Unterschied gibt es zwischen dem Benehmen der Autorin und des Lesers in Bezug auf Auseinandersetzungen mit älteren Menschen?

   viii Welches Problem im Bereich Religion beschreibt das Buch?

   b 💡🎧 Machen Sie die Aufgaben online.

4 ✎💡 Partnerarbeit. Sehen Sie sich das Arbeitsblatt an: „Der Einbürgerungstest – sinnvolle Maßnahme oder unnötige Hürde?" Diskutieren Sie die Frage – eine Person ist dafür, die andere dagegen.

5 💡 Sehen Sie sich das Arbeitsblatt an und übersetzen Sie die Sätze ins Deutsche.

🧭 Strategie

Justify and defend a point of view

Ich bin fest davon überzeugt, dass …

Ich bin grundsätzlich gegen/für …

… ist nie gerechtfertigt/kann nie gerechtfertigt sein.

Es steht (nicht) fest/Es stimmt (nicht), dass …

Es ist nicht zu leugnen/ Unbestreitbar ist, dass …

Es steht völlig außer Frage, dass …

Die Fakten/Statistiken sprechen dafür, dass …

Studien haben gezeigt, dass …

Wenn man die Situation genauer betrachtet, …

Nehmen wir zum Beispiel/Als Beispiel dafür …

Andererseits …

■ Schlüsselausdrücke

Divided loyalties

Man fühlt sich/Im Herkunftsland gilt man als ‚Ausländer(in)'.

Man sieht das Leben zwischen den Welten als Privileg an.

Im Bezug auf die Sprache achtet man darauf, nicht als ausländische Mitbürgerin/ausländischen Mitbürger erkannt zu werden.

Wie kann man sich zwischen zwei Kulturen zurechtfinden?

Die deutsche Kultur dominiert oft.

Gerade in der Pubertät ist Identität sehr wichtig.

C | Jeder Mensch ist anders

Vokabeln

reichen *to be sufficient*
bereit *ready, prepared*
das Kapitel(-) *chapter*
ins Herz schließen *to embrace*
anerkennen *to acknowledge*
sich ansiedeln *to settle*
der Ursprung("e) *origin*
in Einklang bringen *to harmonise*

1 Welche Aussagen beziehen sich auf Einwanderer der ersten Generation, welche auf Einwanderer der späteren Generationen, und welche auf beide Gruppen? Diskutieren Sie das in der Klasse.

Meine Eltern lebten seit zehn Jahren in Deutschland, als ich geboren wurde.

Ich vermisse mein Heimatland.

Sobald ich in Österreich angekommen war, meldete ich mich zu einem Sprachkurs an.

Meine Eltern verstehen nicht, dass die Türkei für mich ein fremdes Land ist.

Ich kann meine Herkunft nicht vergessen und werde mich in Deutschland nie zu Hause fühlen.

2 a Lesen Sie den Text.

Wir wollen akzeptiert werden!

Wie türkisch darf ein Deutscher sein, wie deutsch ein Türke? Drei Personen mit Migrationshintergrund äußern sich zu diesem Thema.

Ali Otaran, Arzt

In Deutschland bin ich geboren und aufgewachsen. Seit 14 Jahren habe ich einen deutschen Pass. Ich bin Deutscher, oder?

Gern würde ich „ja, natürlich" sagen, aber so einfach ist es nicht. Um wirklich Deutscher zu sein, reicht ein Pass nicht. Immer noch habe ich meinen Namen, mein Aussehen, meine Hautfarbe, meine Religion – und für viele Deutsche werde ich niemals einer von ihnen sein.

Die Politiker wollen, dass Ausländer integrationsbereit werden. Ich habe nichts dagegen, muss aber auch sagen, dass es auch der deutschen Gesellschaft an Integrationsbereitschaft fehlt. Es ist nötig, dass beide Seiten sich engagieren.

Melik Birand, Kaufmann

Meine Eltern, die aus Ankara stammen, sind einfach meine Eltern; die habe ich mir nicht ausgesucht. Für die deutsche Staatsbürgerschaft hingegen habe ich mich bewust entschieden. Türke war ich sowieso, aber ich habe gewählt, Deutscher zu sein.

Ich habe das Ruhrgebiet, wo ich aufgewachsen bin, in die Arme geschlossen, obwohl man es mir and anderen Migranten hier nicht immer leicht macht. Oft werden wir nach unserer „eigentlichen" Identität gefragt. Warum fällt es diesen Leuten so schwer zu begreifen, dass man mehrere Identitäten haben und trotzdem Deutscher sein kann?

Nevin Cosar, Rechtsanwältin

Für mich heißt Integration Zusammenhalten – in guten und schlechten Zeiten. Man sagt, wir Türken wollen eine „Türkifizierung" unserer Gesellschaft. Das ist aber nicht der Fall. Wichtig ist aber, dass man die Tatsache anerkennt, dass sich Millionen von Menschen in diesem Land angesiedelt haben, obwohl ihre familiären Ursprünge weit entfernt liegen. Heute erleben wir eine Trennung der Kuturen und wir müssen alle versuchen, diese Kulturen wieder in Einklang zu bringen.

b Beantworten Sie die Fragen auf Englisch.

i What point does Ali make about having a German passport?

ii Why does he think that many Germans will never accept him as German?

iii According to Ali, what is the politicians' attitude towards integration?

iv How does Ali respond to that view?

v What conscious choice did Melik make?

vi What comments does Melik make about the Ruhr district where he grew up?

vii What difficulties do Melik and other migrants face?

viii How does Nevin define integration?

ix What, according to Nevin, are the key factors facilitating integration?

c 💡 Machen Sie die Aufgaben online.

3 🎧 Hören Sie sich die Interviews mit drei Zuwanderern an, und beantworten Sie die Fragen auf Deutsch.

i Wann kam Carmen nach Deutschland?

ii Was gefällt ihr besonders am Leben in Deutschland?

iii An was für einem Projekt nimmt sie jetzt teil?

iv Was wird sie in vier Monaten machen?

v Warum findet sie es wichtig, an einem Projekt teilzunehmen, auch wenn man schon einen Integrationskurs gemacht hat?

vi Welche Schwierigkeiten haben neue Zuwanderer laut Yusef?

vii Wie hat ihm die Bundesagentur für Arbeit geholfen?

viii Welchen Vergleich macht er zwischen seinem Herkunftsland und Deutschland?

ix Warum macht Afshan das Nachhilfe-Projekt?

x Was für Zukunftspläne hat sie, und warum?

4 a 💡 Lesen Sie noch einmal den Text in Aufgabe 2a und benutzen Sie die Fragen auf dem Arbeitsblatt, um ein Interview mit Ali Otaran zu erstellen.

b Welche Fragen würden Sie Melik Birand stellen, um die Information in seinem Interview zu erhalten? Machen Sie ein Rollenspiel zu zweit.

5 a Stellen Sie sich vor, Sie sind die Tochter/der Sohn eines Einwanderers. Sie haben Ihr ganzes Leben in Deutschland gelebt. Schreiben Sie einen kurzen Artikel, um Ihr Leben zu beschreiben. Benutzen Sie die Schlüsselausdrücke.

b 💡 Sehen Sie sich das Arbeitsblatt an: Sollten alle Menschen mit Migrationshintergrund das Recht auf doppelte Staatsbürgerschaft haben? Schreiben Sie 250 Wörter zu diesem Thema.

Schlüsselausdrücke

Talking about individual experiences

Ich habe mich für … entschieden.

Ich habe mir … ausgesucht.

Ich fühle mich hier (nicht) wohl.

Man macht es mir leicht/schwer.

Ich würde mich freuen, … zu sagen.

Ich habe die/keine Absicht, … zu machen.

Man kann mehrere Identitäten haben.

💡 Grammatik

Impersonal verbs

▪ These are verbs that may be used with an impersonal *es* as subject and with a dative or accusative object which corresponds to the subject in English:

es kommt zu … (+ *dative*) … *occurs*

▪ This use of the verb can often replace a person as subject:

es bedarf … (+ *genitive*) *I/we, etc. need* …

es fehlt mir an … (+ *dative*) *I lack* …

es freut mich, … *I am pleased* …

es gelingt mir, … zu machen *I succeed in doing* …

… macht mir Spaß *I enjoy* …

… fällt mir leicht/schwer *I find … easy/hard*

Now you should be able to:

- ■ Talk about factors making integration difficult and factors facilitating integration
- ■ Consider the question 'To which culture should immigrants show loyalty?'
- ■ Examine the experiences of individual immigrants

Grammar

- ■ Understand and use the passive
- ■ Understand and use impersonal verb constructions

Skills

- ■ Justify and defend a point of view

✓ Testen Sie sich!

Ergänzen Sie diese Sätze.

1 Die Bundesregierung ... Integration durch kostenlose Sprachkurse.

2 In Berlin sind über 6000 Unternehmen von Migranten ... worden.

3 Durch ihre Teilnahme an Ländertagen fühlen sich die Eltern ... .

4 Deutsche Eltern wollen ihre Kinder nicht in eine Schule schicken, wo die meisten Schüler ... Deutsch sprechen.

5 Menschen, die einen Teil des Jahres in Deutschland und den anderen in der Türkei verbringen, nennt man ... .

6 Wer die deutsche Staatsangehörigkeit annehmen will, soll einen ... machen.

7 Ich bin in Deutschland geboren. Viele Deutsche verstehen nicht, dass die Türkei für mich ein ... Land ist.

8 Das Integrationsprojekt hat mir geholfen, meine Unsicherheit zu ... .

9 Ich fühle mich in Deutschland zu Hause, aber meine Wurzeln liegen in Spanien. Für mich wäre eine ... die ideale Lösung.

10 Es ... vielen Ausländern leider nicht, eine gute Arbeitsstelle zu bekommen.

AQA Examiner's tips

Listening

You may find you need to listen again to a certain part of the recording that you have not understood, but don't do this more than three times; if you can't understand after three times then **come back to it later**. You'll be amazed how often it then appears much easier to understand!

Speaking

The examiner is not interested in **"the truth"**. If you tell the examiner that you are interested in pop music and you can discuss this well, then you are doing well. It is irrelevant whether you really are interested in pop music.

Reading

Remember that the questions are based on the text in **chronological sequence**. So if you have found the answers for questions 7 and 9, the answer to question 8 should be somewhere in between.

Writing

Learn the present, imperfect and perfect tenses of commonly used verbs, including modal verbs. Take particular care with the second and third person singular of some **strong verbs** (e.g. *sehen, tragen, waschen*).

Ausländische Mitbürger

6 Rassismus

Zeig' Rassismus die Rote Karte!

By the end of this chapter you will be able to:

	Language	Grammar	Skills
A Opfer des Rassismus	■ Talk about the victims of racism, considering the impact of racism on individuals	■ Understand and use the pluperfect tense	
B Vorurteile	■ Consider and evaluate the reasons for racism		■ Understand and use complex adjectival phrases
C Kampf gegen Rassismus	■ Evaluate measures to eliminate racism and their effectiveness	■ Understand and use the future tense	

Wussten Sie schon?

In gewissem Maße herrscht überall auf der Welt Rassismus. Die Abscheulichkeiten des Nazi-Regimes in Europa sind weithin bekannt, ebenso die Unterdrückung der Afroamerikaner in den zwanziger Jahren in den Vereinigten Staaten. Ein weiteres Beispiel waren die grausamen Massaker in Ruanda 1994, als Hutu-Rebellen fast eine Million Tutsi und gemäßigte Hutu ermordeten.

So wie Martin Luther King in den Vereinigten Staaten, Mahatma Ghandi in Indien und Nelson Mandela in Südafrika gegen Rassismus protestierten, kämpften auch viele Deutsche gegen das Nazi-Regime. Viele von ihnen, zum Beispiel der Pastor Dietrich Bonhoeffer und die Geschwister Scholl, riskierten dabei ihr Leben und wurden ermordet. In Berlin steht eine Gedenkstätte für alle, die im deutschen Widerstand aktiv waren – an der Stelle, wo man am 20. Juli 1944 versuchte, Hitler zu stürzen.

Zum Aufwärmen

1 Was ist der Zusammenhang zwischen dieser Karikatur und dem Thema „Rassismus"?

2 Diskutieren Sie das Folgende in der Klasse.
- Ist Rassismus heutzutage in Ihrem Land ein großes Problem? Wer sind die Opfer? Wer sind die Täter?

- Waren Sie selber schon ein Opfer von Rassismus? Oder Ihre Freunde? Was ist passiert?
- Kennen Sie eine Organisation in Großbritannien, die gegen Rassismus kämpft?

Niemand hat die Absicht, eine Mauer zu errichten!

Ost-Berlin, 1961

Niemand hat die Absicht, eine Mauer zu errichten!

Europa, 2008

A Opfer des Rassismus

Vokabeln

der Gewaltakt(e) *act of violence*

die Gewalttat(en) *act of violence, outrage*

überfallen *to mug, attack*

die Staatsanwaltschaft *prosecuting authorities*

der Angriff(e) *attack*

beschimpfen *to insult, abuse*

aufzeichnen *to record*

das Opfer(-) *victim*

verprügeln *to thrash*

1 Lesen Sie die folgenden Sätze. Welche Situationen oder Ereignisse haben mit Rassismus zu tun, und welche nicht?

i Die Synagogen in Kroatien werden immer wieder mit antisemitischen Parolen beschmiert.

ii Schlechte Ausbildung und hohe Arbeitslosigkeit beeinträchtigen die beruflichen Chancen von Pakistanern in Großbritannien.

iii Spanien will die illegale Migration von Saisonkräften aus dem Senegal bekämpfen.

iv Sechs Millionen Juden wurden von den Nazis ermordet.

v Auch Schwarze und andere Menschen, die aus dem Ausland kommen, können gegen das Gesetz verstoßen und müssen dafür bestraft werden.

vi 1991 hat eine Gruppe Neonazis ein Asylheim in Hoyerswerda angegriffen.

vii Eine Afrikanerin wurde in einem voll besetzten Straßenbahnwaggon von einem Mann beschimpft und verprügelt. Niemand kam ihr zu Hilfe.

Rassismus heute

Ein 42-jähriger Deutscher afrikanischer Herkunft wurde am letzten Freitag in Leipzig überfallen und lebensgefährlich verletzt.

Der Journalist und Vater dreier Kinder wurde am späten Abend attackiert, als er nach der Arbeit nach Hause ging. Die Täter waren zwei junge Männer. Die Staatsanwaltschaft geht von einem rassistisch motivierten Angriff aus, weil der Mann als „Nigger" beschimpft wurde. Es gibt Beweismaterial dafür, denn das Opfer hatte kurz vor dem Überfall seine Frau angerufen und damit ihre Mailbox aktiviert, die das Schimpfwort der Täter aufzeichnete. Jetzt ist er auf der Intensivstation. Seine Verletzungen sind lebensbedrohlich. Gestern Abend demonstrierten in Leipzig etwa 400 Menschen gegen rassistische Gewalt.

Es kommt auch in anderen Bundesländern zu Angriffen gegen Ausländer. In Köln demolierten Rechtsradikale Geschäfte von ausländischen Inhabern, in Heidelberg wurden ausländische Studenten verprügelt. Die Zahl rechtsextremer Gewalttaten ist aber in den neuen Bundesländern besonders hoch.

Heutzutage attackieren Rechtsextreme nicht nur Ausländer, sondern zunehmend auch junge Menschen aus dem linken oder alternativen Milieu. Die meisten Angriffe sind spontan und finden im öffentlichen Raum statt. Es gibt aber auch einen Anstieg von organisierten Gewaltakten. Laut Experten hat dieser Trend seine Ursache in einer zunehmenden Strukturierung der rechten Szene.

2 Lesen Sie den Bericht und beantworten Sie die Fragen auf Deutsch.

  i Was erfahren wir über das Opfer dieses Angriffs?

  ii Wer waren die Täter?

  iii Woher wissen wir, dass es sich hier um einen rassistischen Angriff handelt?

  iv Wie war die Reaktion der Bevölkerung am Ort auf den Angriff?

  v Welche anderen Beispiele für rassistische Angriffe werden im Text erwähnt?

  vi Welche anderen Gruppen in der Gesellschaft sind Opfer rechtsextremer Gewalttaten?

  vii Welchen Trend hat man bei diesen Gewalttaten registriert?

3 Hören Sie sich die Geschichte von Anna Blumenstein an, einer Überlebenden des Holocaust. Beantworten Sie die Fragen auf Deutsch.

  i Wo wohnte Anna zur Zeit dieses Berichts?

  ii Was ereignete sich, als Anna 17 war?

  iii Wie wirkte sich dieses Ereignis auf ihr Leben aus?

  iv Inwiefern war Annas Leben damals hart?

  v Wie starb Annas Cousin Frank?

  vi Wie war Annas Leben in Riga?

  vii Wie fühlte sich Anna nach dem Krieg?

  viii Was erfahren wir über die Familie von Friedrich?

  ix Warum blieben Anna und Friedrich nur zwei Jahre in Deutschland?

  x Wohin sind Anna und Friedrich gegangen?

  xi Was erfahren wir über das Denkmal in der Nähe des Seniorenheims?

4 a Rassismus bei uns. Besprechen Sie das Folgende zuerst zu zweit, dann mit anderen in der Klasse. Benutzen Sie die Schlüsselausdrücke.

  • Haben Sie jemals Erfahrungen mit Rassismus gemacht?

  • Haben Sie zum Beispiel rassistische Bemerkungen in der Schule gehört oder ausländerfeindliche Graffiti in Ihrer Stadt gesehen?

  • Kennen Sie jemanden, der unter Rassismus gelitten hat?

  b 💡 Was sind die Auswirkungen von Rassismus – auf einzelne Opfer und auf die ganze Gesellschaft? Benutzen Sie das Arbeitsblatt sowie Ihre eigenen Ideen, um einen zweiminütigen Vortrag vorzubereiten.

5 💡 Lesen Sie den Ausschnitt aus dem Tagebuch der Anne Frank auf dem Arbeitsblatt und machen Sie die Aufgabe.

6 Stellen Sie sich vor, Sie gehören einer Minderheit an und leiden unter den Folgen von Rassismus. Beschreiben Sie die Auswirkungen davon auf Ihr Leben. Sie dürfen die Ideen aus dem Text auf Seite 50 und aus dem Interview mit Anna Blumenstein in Aufgabe 3 benutzen, sowie Ihre eigenen Gedanken.

Schlüsselausdrücke

Victims of racism

Menschen, die anders aussehen, anders denken, anders sprechen …

Die Angehörigen ethnischer und religiöser Minderheiten …

Menschen ausländischer Abstammung …

Die Schwächsten unserer Gesellschaft …

… leiden unter den Folgen des Rassismus.

… sind dem Rassismus ausgesetzt.

… werden verachtet/diskriminiert.

… werden durch Wörter und Taten angegriffen.

… gehören vielleicht zur Unterschicht.

… verlieren ihre Würde, ihren Stolz, ihre Gefühle.

💡 Grammatik

Pluperfect tense

■ The pluperfect tense describes an action that had taken place before something else happened. It is often used with the adverbs *schon* or *vorher* or in a subordinate clause beginning with *nachdem*.

■ The pluperfect tense is formed in the same way as the perfect tense (see page 39), except that it uses the imperfect tense of the auxiliary verb *haben* or *sein*.

Die Staatsanwaltschaft geht von einem rassistisch motivierten Angriff aus, weil die Täter den Mann als ‚dreckigen Nigger' **beschimpft hatten.**

Kurz nachdem der Mann seine Ehefrau **angerufen hatte**, fingen die Täter an, ihn anzugreifen.

Ihrer Mutter blieb das Getto erspart, weil sie zehn Tage vorher **gestorben war.**

B   Vorurteile

1 Lesen Sie die folgenden Vorurteile gegen ausländische Mitbürger. Welche werden Ihrer Meinung nach am häufigsten geäußert? Diskutieren Sie in der Klasse.

   i   Die Ausländer nehmen uns die Arbeitsplätze weg.

   ii   Ausländer sind kriminell.

   iii Wir werden in unserem eigenen Land überfremdet.

   iv Asylbewerber leben auf unsere Kosten.

   v   Wir haben keinen Platz mehr für Ausländer: Das Boot ist voll!

Was sind Vorurteile?

Vorurteile sind unüberlegte stereotype Meinungen, zumeist über Personen und Personengruppen, die trotz eigener Erfahrung deshalb vertreten werden, weil sie die Welt klarer und übersichtlicher machen. Auf der eigenen Seite sind die ‚Guten', dort die ‚Bösen'.

Vorurteile können harmlos sein, wenn sie ein positives Bild verbreiten, zum Beispiel die Vorstellung, dass Italiener gute Liebhaber und Franzosen die besten Köche sind. Wenn aber Kosovaren als Kriminelle, Türken als Drogendealer oder Rumänen als Diebe dargestellt werden, als ob sie alle gleich wären, wirken Vorurteile verletzend, ausgrenzend und fremdenfeindlich.

Fremdenfeindliche Vorurteile werden weniger durch direkte, persönliche Kontakte als durch indirekte, von Eltern, Lehrern und Medien vermittelte Erfahrungen geformt. Eine Untersuchung in einer österreichischen Grundschule ergab zum Beispiel, dass sich die Kinder ihre Meinung über Chinesen anhand von Filmen, Geschichten und Zeichentrickserien bildeten, obwohl diese Kinder täglich Kontakt mit chinesischen Altersgenossen hatten.

Das Spektrum von Faktoren, die Anlass zu Vorurteilen geben, ist nahezu unbegrenzt. Es umfasst unter anderem:

- Religion
- Hautfarbe
- Sprache
- Kultur
- sexuelle Neigung
- Lebensstil
- Behinderung
- sozialer Status
- Einkommen
- Bildungsniveau
- Beruf oder Arbeitslosigkeit
- Essen
- Zugehörigkeit zu einer Interessengruppe

Sozio-ökonomische Faktoren können Vorurteilen zugrunde liegen. Der Grund für die Diskriminierung von Schwarzen in den USA basierte zum großen Teil auf der Tradition der ökonomischen Ausbeutung. Solche soziale Vorurteile sind nur für die Mächtigen von Nutzen. Vorurteile können auch entstehen, weil wir einen Sündenbock suchen: Unsere Aggressionen werden auf schwache, an den eigentlichen Ursachen der Aggressionen schuldlose Minderheiten oder Einzelpersonen, übertragen.

Vorurteile sind hartnäckig. Es ist einfacher, auf ein altes Feindbild zurückzugreifen, als sich selbst eine kritische und rationale Meinung zu bilden. Schon der deutsch-amerikanische Physiker Albert Einstein (1879–1955) meinte: „Es ist leichter ein Atom zu spalten, als ein Vorurteil".

2 Lesen Sie den Text „Was sind Vorurteile?" und beantworten Sie die Fragen auf Englisch.

  i   In the first paragraph, what definition is given of prejudice?

  ii   When can prejudices be harmless? What examples of this are given?

  iii What effects can negative prejudices have?

  iv   How are prejudices usually conveyed? What example of this is given?

  v   What general point is made about the range of features or characteristics that can give rise to prejudice?

  vi   What example is given of prejudice arising out of socio-economic factors?

  vii How is the scapegoat theory explained?

  viii Explain the quotation from Albert Einstein.

3 a 🎧 Hören Sie sich das Interview mit Beate Winkler, der Direktorin des EUMC (European Monitoring Centre on Racism and Xenophobia) an und machen Sie die Aufgaben online.

  b Fassen Sie das Interview auf Deutsch zusammen. Erwähnen Sie Folgendes:

  - die Rolle des EUMC
  - was ‚Rassismus' bedeutet
  - was ‚Fremdenfeindlichkeit' bedeutet
  - wie sich Rassismus und Fremdenfeindlichkeit bekämpfen lassen
  - warum man das Ausmaß von rassistischen Gewalttaten nicht genau kennt
  - allgemeine Trends im Arbeitsmarkt und in der Bildung
  - die Rolle der Regierungen im Kampf gegen Diskriminierung
  - die Bevölkerungsgruppen, die von Rassismus am stärksten betroffen sind
  - die Ergebnisse einer Untersuchung zu Rassismus und Fremdenfeindlichkeit.

4 a 💡 Führen Sie unter Ihren Mitschülern und Freunden eine Umfrage über Vorurteile durch. Machen Sie zuerst eine Liste von Fragen, die Sie stellen könnten, und diskutieren Sie diese Liste zu zweit. Sie können das Arbeitsblatt benutzen.

  b 💡🗡 Machen Sie das Rollenspiel online.

5 a 💡 Lesen Sie den Text auf dem Arbeitsblatt „Roma in Europa". Stellen Sie sich vor, Sie leben in einem fremden Land. Wie werden Sie dort von der Bevölkerung behandelt? Beschreiben Sie die positiven und negativen Aspekte Ihres Lebens.

  b 💡 Übersetzen Sie den Text „Roma in Europa" ins Englische. (Arbeitsblatt)

6 Warum glauben Sie, haben wir Vorurteile? Wie kann man sie am besten bekämpfen? Schreiben Sie 150–200 Wörter zu diesem Thema. Benutzen Sie die Schlüsselausdrücke.

Schlüsselausdrücke

Prejudice

… ist eine ideologische Überzeugung.

Rassismus und Diskriminierung sind weit verbreitet.

Vorurteile entstehen, weil wir einen Sündenbock suchen.

Minderheiten sind in vielen Bereichen benachteiligt.

Man hat (keine) Probleme im Umgang mit Minderheiten.

Migrantinnen und Migranten sind oft von Diskriminierung betroffen/… sind Diskriminierungen ausgesetzt.

Nur durch direkten Kontakt lassen sich Vorurteile abbauen.

Am besten bildet man sich eine kritische und rationale Meinung von Menschen, die man nicht kennt.

Strategie

Complex adjectival phrases

1 Complex adjectival phrases have the function of an adjective but consist of two or more words, the last of which is an adjective (often a present or past participle) with the appropriate ending.

2 They are a feature of formal written German and are rarely used in speech.

3 A complex adjectival phrase can be re-written as a relative clause.

Fremdenfeindliche Vorurteile werden durch indirekte, **von Eltern, Lehrern und Medien vermittelten** Erfahrungen, geformt. ⟶ Fremdenfeindliche Vorurteile werden durch indirekte Erfahrungen geformt, **die von Eltern, Lehrern und Medien vermittelt werden**.

1 **Schauen Sie sich die beiden Poster an und beschreiben Sie sie.**

- Was sind die Unterschiede zwischen den Postern?
- Welches Poster finden Sie wirkungsvoller im Kampf gegen Rassismus? Warum?

2 a Lesen Sie den Text.

D-A-S-H: Neue Konzepte gegen Rassismus

Die Internet-Plattform D-A-S-H unterstützt, vernetzt und veröffentlicht Projekte, die neue Wege im Kampf gegen Rassismus und andere Formen der Ausgrenzung aufzeigen. Hier ist eine Auswahl der geplanten Projekte:

Alltägliche Ausgrenzungserfahrungen

Ausgrenzung ist für die Schülerinnen und Schüler der 10. Klasse des Balthasar-Neumann-Berufsbildungszentrums in Augsburg kein Fremdwort; viele waren schon Opfer von Rassismus. In Kleingruppen werden sie ihre Erfahrungen aufarbeiten und im Internet zur Diskussion stellen.

Hundert Jahre Zukunft

Welche Rolle Diskriminierung und Rassismus in den vergangenen hundert Jahren an der Berliner Mildred-Harnack-Oberschule spielten, werden Schülerinnen und Schüler erforschen und anlässlich des hundertjährigen Schul-Jubiläums präsentieren. Die Schule trägt den Namen der von den Nazis hingerichteten Widerstandskämpferin Mildred Harnack.

Von Flüchtlingen für Flüchtlinge

Der Lindauer Flüchtlingshilfsverein wird eine Gruppe junger Asylsuchender dabei unterstützen, eine Internetseite zu erstellen und aufrechtzuerhalten, die Kommunikation unter Asylanten fördern soll. So können neue Asylsuchende von den Erfahrungen lernen, die andere Flüchtlinge in Deutschland gemacht haben.

Graffiti von rechts

Rechtsradikale Sprüche an Leipzigs Hauswänden sind keine Seltenheit. Die Antirassistische Initiative Leipzig wird die Graffiti fotografieren und durch die Fotos mit Kommentar auf einer Webseite zeigen, wie alltäglich und öffentlich präsent die Hassparolen sind.

Aktiv gegen Ausgrenzung in Sachsen

Der Verein Zukunftsnetz wird in Sachsen mit sozial benachteiligten Kindern und Jugendlichen Medienprojekte gegen Ausgrenzung durchführen. Mädchen und junge Frauen mit unterschiedlichem kulturellem und sozialem Hintergrund werden zum Beispiel ein Hörspiel produzieren. Durch diese Arbeit erfahren sie viel über verschiedene Kulturen und kommen einander näher. Nach Projektende kann man sich das Hörspiel im Internet herunterladen oder im Laden kaufen.

Online-Journalismus für Migrantinnen und Migranten

Im Rahmen eines Projekts des Vereins zur Förderung der Rechte von Flüchtlingen aus Bremen werden Grundlagen und Erfahrungen beim Publizieren im Internet an Migrantinnen, Migranten und Flüchtlinge vermittelt. Das Ziel dieser Initiative: Das Tutorial will ein Schritt in Richtung Online-Journalismus-Schule sein – auch für die, die Deutsch als zweite Sprache haben.

Vokabeln

die Ausgrenzung *exclusion*

erforschen *to research*

anlässlich *on the occasion of*

hinrichten *to execute*

aufrechterhalten *to maintain*

der Spruch("e) *slogan*

die Parole(n) *slogan*

im Rahmen (+ *genitive*) *within the scope of*

die Grundlage(n) *foundation, basis*

der Schritt(e) *step*

b 💡 Machen Sie die Aufgaben online.

c Beantworten Sie die Fragen auf Deutsch.

i Was ist das Ziel der Projekte, die D-A-S-H unterstützt?

ii Was für Erfahrungen werden die Schülerinnen und Schüler aus Augsburg im Internet zur Diskussion stellen?

iii Was werden die Schülerinnen und Schüler der Mildred-Harnack-Oberschule erforschen?

iv Was wird eine Gruppe junger Asylsuchender mit Hilfe des Lindauer Flüchtlingshilfsvereins machen können?

v Was wird die Antirassistische Initiative Leipzig auf ihrer Webseite zeigen?

vi Was ist das Ziel des Vereins Zukunftsnetz?

vii Wie werden die Mädchen und junge Frauen ihr Hörspiel der Öffentlichkeit zugängig machen?

viii Was werden Flüchtlinge aus Bremen lernen können?

3 a 🎧 Hören Sie den Bericht über das Projekt „Schule ohne Rassismus – Schule mit Courage".

b 🎧 Welche Satzanfänge und Satzenden passen am besten zusammen?

i Die Teilnehmer an diesem Projekt ...

ii Der Titel „Schule ohne Rassismus – Schule mit Courage" ...

iii Die Aktivitäten gegen Rassismus ...

iv Die Opfer der Diskriminierung ...

v Unterstützung für das Projekt „Schule ohne Rassismus – Schule mit Courage" ...

a ... sind nicht nur Menschen anderer Rassen, sondern auch verschiedene Minderheitsgruppen.

b ... entscheiden sich, aktiv gegen Rassismus vorzugehen.

c ... kommt von verschiedenen politischen Parteien.

d ... müssen lange Zeit andauern.

e ... wird einer Schule verliehen, wenn dort mindestens 70% der Menschen bestimmte Verpflichtungen eingehen.

c Beantworten Sie die Fragen auf Deutsch.

i Wie viele Schulen, Schülerinnen und Schüler nehmen an dem Projekt „Schule ohne Rassismus – Schule mit Courage" teil?

ii In welchen Situationen müssen Schulen eingreifen, wenn sie den Titel erworben haben?

iii Welche Leistungen werden **nicht** anerkannt?

iv Welche anderen Formen von Diskriminierung – außer Rassismus – werden bekämpft?

v In welchen Schulformen, und in welchen Teilen der Bundesrepublik, wird das Projekt durchgeführt?

vi Was erfahren wir über die Aktivitäten, die zurzeit in Karlstadt stattfinden?

4 💡🖾 Wie kann man Rassismus am besten bekämpfen? Benutzen Sie die Schlüsselausdrücke und die Aussagen auf dem Arbeitsblatt und diskutieren Sie.

5 Stellen Sie sich vor, Ihre Schule will sich am Projekt „Schule ohne Rassismus – Schule mit Courage" beteiligen. Was werden Sie und Ihre MitschülerInnen/Mitschüler machen, um den Titel zu bekommen? Beschreiben Sie in 100–150 Wörter die Maßnahmen, zu denen Sie sich verpflichten werden.

💡 Grammatik

The future tense

■ The future tense is formed by combining the present tense of *werden* with the appropriate infinitive:

Der Lindauer Flüchtlingshilfs-verein **wird** eine Gruppe junger Asylsuchender **unterstützen**.

Wir **werden** Grundlagen und Erfahrungen beim Publizieren im Internet an Migrantinnen, Migranten und Flüchtlinge **vermitteln**.

■ Be careful not to confuse the future tense with the passive, which also uses *werden* but combined with a past participle rather than an infinitive:

D-A-S-H **wird** von der deutschen Regierung **unterstützt**.

Now you should be able to:

■ Talk about the victims of racism, considering the impact of racism on individuals

■ Consider and evaluate the reasons for racism

■ Evaluate measures to eliminate racism and their effectiveness

Grammar

■ Understand and use the pluperfect tense

■ Understand and use the future tense

Skills

■ Understand and use complex adjectival phrases

 Testen Sie sich!

Ergänzen Sie diese Sätze.

1 Man macht sich Sorgen, weil die Zahl der rechtsextremen ... gestiegen ist.

2 Rassistische Täter ... Geschäfte von ausländischen Inhabern.

3 Anna Blumenstein erinnert sich noch an die Kristallnacht, als die Geschäfte von vielen ... angegriffen wurden.

4 Wir haben alle stereotype Bilder, das heißt: Wir behandeln alle Menschen einer bestimmten Herkunft als ob sie ... wären.

5 Vorurteile können ... sein, wenn sie eine Personengruppe positiv darstellen.

6 Fremdenfeindlichkeit soll durch die Begegnung mit anderen Gruppen ... werden.

7 Theoretisch sind die Roma ... Bürger in der EU. In Wirklichkeit bleibt ihre soziale und politische Lage problematisch.

8 Die Internet-Plattform D-A-S-H ... Projekte gegen Rassismus und andere Formen der Ausgrenzung.

9 „Schule ohne Rassismus – Schule mit Courage" ist ein bundesweites Projekt für Schülerinnen und Schüler, die ... .

AQA Examiner's tips

Listening

Learn the **present, imperfect and perfect tenses** of all the verbs you encounter during your studies, e.g. *geht–ging–gegangen, sieht–sah–gesehen*. Understanding a listening test will often depend on your ability to recognise the tense of a particular verb.

Speaking

In the speaking test itself, **listen very carefully to the examiner's additional questions** once the printed questions have been asked. Is the question asking something about you or is it a more general question?

Reading

You might encounter a word which you do not know. Either its meaning will be clear from the context or it will not be central to the question.

Writing

Make sure you **revise the vocabulary** for each topic area before the exam. Collect and order the vocabulary for each topic. Many find it helpful to learn vocabulary by creating a **spidergram**.

Heutige gesellschaftliche Fragen

7 Reichtum und Armut

By the end of this chapter you will be able to:

	Language	Grammar	Skills
A **Der Reichtum**	■ Consider attitudes to wealth and poverty	■ Use the subjunctive to form the conditional tense	
B **Armut in Europa**	■ Talk about the causes of poverty in Europe and its consequences	■ Use subordinating conjunctions, including *seitdem*, *als ob, als*	
C **Die entwickeln-den Länder**	■ Discuss the causes of poverty in developing countries, and the link with health ■ Talk about the work of charitable organisations and governments	■ Understand and use the future tense	■ Practise gist comprehension of texts containing difficult vocabulary

■ Wussten Sie schon?

Hunger in der Welt

Über 840 Millionen Menschen in der Welt leiden an Hunger. Gründe dafür sind Naturkatastrophen und Kriege, aber auch korrupte Regime und ungleiche Verteilung von Boden und Ressourcen. Armut und Hunger sind nicht nur ein Problem der Entwicklungsländer: auch in Europa ist Hunger kein Fremdwort.

■ Zum Aufwärmen

Wählen Sie a), b) oder c)

1 In Großbritannien leben fast
a 2 Millionen
b 7 Millionen
c 13 Millionen
Menschen in Armut.

2 Die Lebenserwartung der Armen in Deutschland ist um bis zu
a 3
b 7
c 10 Jahre reduziert.

3 Welches Land hat die meisten US Dollar Milliardäre?
a die Schweiz
b Russland
c Australien

4 Welche Gruppe in Deutschland lebt wahrscheinlicher in Armut?
a Alleinstehende (mit Kindern)
b Alleinstehende (kinderlos)
c Paare

5 Ein Beispiel eines 'dritten Welt' Landes ist
a Neuseeland
b Kanada
c Äthiopien.

A   Der Reichtum

Vokabeln

vom Tellerwäscher zum Millionär *from rags to riches*

die Firma *company/firm*

gründen *to found*

das Studium abbrechen *to give up studying*

entwickeln *to develop*

das Unternehmen *(big) company, enterprise*

erfolgreich *successful*

der Arbeitgeber *employer*

die Wirtschaft *economy*

die Aktien *shares*

viel wert sein *to be worth a lot*

verdienen *to earn*

das Grundgehalt *basic salary*

erben *to inherit*

eine Milliarde *US billion (a thousand million)*

sich leisten *to afford*

das Vermögen *fortune*

die Verantwortung *responsibility*

der/die Vorsitzende(r) *chairperson*

neidisch *envious, jealous*

---

1   **Was bedeutet das Bild rechts? Besprechen Sie das zu zweit.**

- Was sehen Sie im Bild?
- Was soll das uns über Gleichheit in Deutschland sagen?
- Sehen Sie auch Kontraste zwischen Reichen und Armen in Ihrem Land/Ihrer Stadt? Geben Sie Beispiele.

Vom Tellerwäscher zum Millionär

Netzwerk Magazin interviewt jungen deutschen Internet-Milliardär Andreas Bornholm in seiner Luxuswohnung in Wiesbaden.

Netzwerk: Andreas, mit 25 Jahren hatten Sie bereits die erste Million Euro verdient. Wie haben Sie das geschafft?

Andreas B: Also, schon als Schüler, habe ich in meiner Freizeit immer fleißig programmiert. Ich hatte Samstags einen Job in einem Internet-Café, um meinen Computerkram zu finanzieren, aber dort war ich öfter am Computer als beim Abwaschen! Ich habe dann als Student an der Uni an einer neuen Suchmaschine gearbeitet und hatte wirklich Glück, weil ein Investor sich dafür interessiert hat. Wir haben zusammen eine Firma gegründet, die verschiedene Webseiten entwickelt hat. Ich habe mein Studium abgebrochen und lange Stunden daran gearbeitet. Na ja, und jetzt bin ich internationaler Geschäftsmann.

Netzwerk: Ihr Unternehmen ist jetzt sehr erfolgreich!

Andreas B: Ja, das stimmt. Als Arbeitgeber sind wir jetzt für die Wirtschaft hier in Wiesbaden sehr wichtig. Unsere Aktien sind auch viel wert. Ich verdiente schon mit 25 einen Grundgehalt von 1,4 Millionen Euro plus Bonus. Ich bin sehr stolz darauf, weil ich mein Vermögen nicht einfach geerbt habe: das ist alles selbstgemacht.

Netzwerk: Und jetzt viel mehr als Millionär, Sie genießen schon mit 31 Jahren das entspannte Milliardärsleben!

Andreas B: Na ja, man kann auch als Milliardär nicht mehr als essen, schlafen und seine Arbeit tun. Aber man kann sich natürlich schöne Sachen leisten. Ich fahre auch jetzt ganz anders zur Arbeit: morgens denke ich mir 'Soll es mein Mercedes S-Klasse oder der Porsche sein?' Mein Citation-X ist wohl der schnellste Privatjet der Welt. Es macht Spaß, ein Chalet in Montana USA für den Ski-Urlaub und Ferienvillas in Capri und in der Karibik zu haben und ich habe Häuser für meine Eltern und meine Geschwister gekauft. Aber mein Vermögen bringt auch Verantwortungen und viel mehr Stress, als wenn ich nicht reich wäre.

Netzwerk: Mehr Stress?

Andreas B: Ja – als Vorsitzender des Unternehmens muss ich viel reisen und bin selten zu Hause. Ich habe auch den Eindruck, dass die Leute neidisch sind und es ist schwierig zu wissen, wer meine richtigen Freunde sind. Manchmal vermisse ich das einfache Leben.

Netzwerk: Danke, Andreas.

2 **a** Lesen Sie das Interview mit Andreas Bornholm auf Seite 58. Beantworten Sie die Fragen mit vollständigen Sätzen.

   i   Wie alt war Andreas, als er Millionär geworden ist?

   ii   Was war sein großes Glück als Student?

   iii   Warum ist Andreas stolz?

   iv   Was hat er mit seinem Geld gekauft?

   v   Welche Nachteile des Milliardärslebens erwähnt er?

b Lesen Sie noch mal das Interview. Finden Sie die Sätze.

   i   As an employer, we are now really important to the economy here in Wiesbaden.

   ii   Our shares are also worth a lot.

   iii   I am very proud of that, because I didn't just inherit my fortune: it's all self-made.

   iv   As chairman of the company, I have to travel a lot and am rarely at home.

   v   I also get the impression that people are jealous, and it's hard to tell who my real friends are.

3 **a** 🔆🎧 Hören Sie den Bericht über Konsum in Deutschland und machen Sie die Aufgaben online.

b Hören Sie noch einmal zu und bringen Sie die Aussagen in die richtige Reihenfolge. Welche Sätze werden nicht erwähnt?

   i   Eltern müssen lange arbeiten und es gibt nicht viel Zeit für das Familienleben.

   ii   Die Werbung hat einen großen Einfluß.

   iii   Die Mehrheit der Befragten bei einer Umfrage findet die wirtschaftlichen Verhältnisse in Deutschland ungerecht.

   iv   DVD-Spieler werden in Deutschland immer teuerer.

   v   Junge Leute wollen Handys und Markenklamotten wie die ihrer Freunde.

4 🔆 Was würden Sie machen, wenn Sie reich wären? Fragen Sie mehrere Personen. (Arbeitsblatt)

- Ich würde … , wenn ich reich wäre, weil …
- Warum (nicht)? Wo? Was sonst?

5 🔆 Macht das Geld glücklich? Schreiben Sie ungefähr 200 Wörter zu dieser Frage. Benutzen Sie die Schlüsselausdrücke. (Arbeitsblatt)

💡 **Grammatik**

Use the subjunctive to form the conditional tense

▪ Conditional sentences express things that might/could happen. In English they are usually introduced by 'if'. In German they're usually used with 'wenn', and are formed using the **imperfect subjunctive**.

▪ Here are some common and useful forms:

Imperfect: wurde, war, hatte, konnte

Imperfect subjunctive: **würde** (*used with an infinitive = would …*), **wäre**, **hätte, könnte**

Ich **würde** einen Porsche kaufen, wenn ich reich **wäre**. = *I would buy a Porsche if I were rich.*

Er **würde** nach Australien fliegen, wenn er mehr Geld **hätte**. = *He would fly to Australia if he had more money.*

Meine Eltern **würden** in Spanien leben, wenn sie dort arbeiten **könnten**. = *My parents would live in Spain, if they could work there.*

▪ You can use the **pluperfect subjunctive** (*hätte/n* or *wäre/n* + participle) to say what you would have done in the past if things had been different:

Ich **wäre** ins Kino gegangen, wenn es geregnet **hätte**.

Ich **hätte** einen Mercedes gekauft, wenn ich im Lotto gewonnen **hätte**.

Schlüsselausdrücke

Wenn ich reich wäre

Ich würde…/man kann…

   nach … reisen/… kaufen

   nie mehr arbeiten

   eine Firma gründen

   mein Geld verschenken/sparen

   ein großes Haus bauen lassen

   jeden Tag Kaviar essen/Sekt trinken

Der Nachteil/Vorteil daran wäre, dass …, zum Beispiel …

B Armut in Europa

Vokabeln

obdachlos *homeless*

die Schulden (pl) *debts*

rausschmeißen *to throw out*

der Schulabschluss *school qualifications*

bergab *downhill*

die Sucht("e) *addiction*

die Notschlafstelle(n) *emergency shelter*

betteln *to beg*

Bahnhofsmission *charitable organisation at railway stations*

1 Bei welcher Gruppe ist die Armutsgefahr in Europa am geringsten?

- Rentner
- Migranten
- Behinderte
- Alleinerziehende
- Verschuldete

- Gebildete
- Sozialhilfeempfänger
- Arbeitslose
- Obdachlose
- Niedriglohnarbeiter

Obdachlos in Hamburg

Katja erzählt: Vor zwei Jahren ging alles noch relativ gut für mich, aber dann habe ich meinen Job als Sekretärin verloren. Ich hatte Schulden und konnte keine Arbeit finden. Ich wohnte damals noch bei meiner Mutter (mein Vater war seit langem weg) aber sie hatte einen neuen Freund und wir verstanden uns nicht. Er schmiss mich raus. Es war so, als ob es nicht noch schlimmer kommen könnte.

Ich war 19 und hatte keinen Schulabschluss. Von da an ging's mit mir bergab. Drogen, Trinken, falscher Umgang. Und da die Sucht nach Drogen immer größer wurde, da bin ich mit Männern gegangen, für Geld. Ich dachte, so was würde mir nie passieren. Naja, und jetzt bin ich hier auf der Straße in Hamburg.

Ein Tag auf der Straße

07:00 Ich habe nicht viel geschlafen. Mein Zahn tut weh und es war eiskalt auf der Bank im Park. Es ist fast unmöglich, einen Platz in der Notschlafstelle zu bekommen. Ich habe Hunger und muss jetzt in der Fußgängerzone betteln. Viele Menschen laufen vorbei und denken sich wohl, Menschen wie ich sind faul und wollen nicht arbeiten.

11.00 In vier Stunden habe ich sechs Euro und zwei Zigaretten bekommen. Nicht viel. Endlich öffnet die Bahnhofsmission. Es gibt Kuchen und Saft. Der Mitarbeiter gibt mir einen Zettel, auf dem Suppenküchen aufgelistet sind.

16:00 Ich gehe in eine Suppenküche. Dort treffe ich andere Obdachlose. Hier ist es schön warm und man kann auch duschen.

20:00 Ich treffe mich mit meinem neuen Freund und wir machen uns auf die Suche nach einem ungestörteren Schlafplatz. Schließlich kommen wir an eine große Eisenbahnbrücke und dort fühlen wir uns sicher. Leider donnern wenige Meter neben uns dauernd Züge vorbei. Doch nach dem langen, kalten Tag schlafen wir trotzdem ein.

2   a Lesen Sie den Text „Obdachlos in Hamburg" und übersetzen Sie diese Sätze ins Deutsche.

i I lost my job as a secretary and I had debts.

ii I thought that sort of thing would never happen to me.

iii It is possible to find a place in the emergency night shelter.

iv I have to beg on the street, but many people just walk by.

v I meet other homeless people at the soup kitchen.

vi We look for a more peaceful place to sleep under a bridge.

b 💡 Lesen Sie den Artikel noch einmal durch und machen Sie die Aufgabe online.

3   💡 Lesen Sie den kurzen Bericht „Die Kluft zwischen Arm und Reich" auf dem Arbeitsblatt und machen Sie die Aufgaben.

4   a 🎧 Hören Sie den Bericht über Arbeitslosigkeit in Österreich. Füllen Sie die Lücken mit den jeweils richtigen Zahlen aus.

i Arbeitslose Männer in Österreich: _____

ii Arbeitslose Frauen in Österreich: _____

iii Jobsuchende in Schulung: _____

iv Arbeitslose insgesamt für Österreich: _____

v Arbeitslosenquote in Großbritannien (Prozent) _____

vi Arbeitslosenquote in Dänemark (Prozent) _____

b 🎧 Hören Sie noch einmal zu. Welches Land …

i … hat die niedrigste Arbeitslosenquote der EU?

ii … hat die höchste Arbeitslosenquote der EU?

5   🎧 Hören Sie den Bericht über Kinderarmut in Deutschland. Wählen Sie die Aussagen, die mit dem Sinn des Berichts übereinstimmen.

i Mehr als 1,7 Millionen Kinder und Jugendliche in Deutschland leben in relativer Armut.

ii Ihre Eltern sind oft krank.

iii Die Armut wirkt sich auf die Gesundheit dieser Kinder aus.

iv Das billige und einseitige Essen bedeutet oft, dass Jugendliche sich in der Schule nicht gut konzentrieren können.

v Teenagerschwangerschaften und Schulabbruch sind ebenfalls ein Problem.

vi Die Politiker wollen nichts dagegen tun.

6   💡 Beschreiben Sie einen fiktiven Tag im Leben eines Obdachlosen (ca. 250 Wörter). Benutzen Sie die Schlüsselausdrücke. (Arbeitsblatt)

7   💡✎ Hören Sie zu und machen Sie das Rollenspiel online. Benutzen Sie auch das Arbeitsblatt.

💡 Grammatik

seitdem, als ob, als

■ You are already familiar with **subordinating conjunctions** after which the verb goes to the end of the clause. *Seitdem* (since) is another of these:

Seitdem sie die Schule abgebrochen **hat**, hat sie keine Arbeit gefunden. *Since she finished school she has not found any work.*

■ *Als ob* (as if) is used with a subjunctive verb form (to show that the state/action being talked about is not reality):

Er redet, **als ob** er viel Geld **habe**. *He talks as if he has lots of money.*

■ *Als* (as if) can also be used on its own, but the subjunctive verb follows it directly:

Er redet, **als habe** er viel Geld.

Schlüsselausdrücke

Living in poverty

aus dem Teufelskreis der Armut ausbrechen

wegen Familienzusammenbruch obdachlos werden

süchtig nach Alkohol/Drogen werden

auf die falsche Bahn geraten

von der Familie/der Gesellschaft abgelehnt werden

sich über Wasser halten

mit Niedriglöhnen auskommen müssen

sich medizinische und zahnärztliche Versorgung nicht leisten können

billiges und nicht besonders nahrhaftes Essen

schlechtere Zukunftschancen

Sauberes Wasser rettet Leben

Karitative Vereine wie UNICEF (das Kinderhilfswerk der Vereinten Nationen) helfen Kindern in Entwicklungsländern und Krisengebieten, wo es Dürre, Naturkatastrophen oder Kriege gibt. Sie sorgen dafür, dass Kinder, die in Armut leben, zur Schule gehen können, medizinisch betreut werden und sauberes Trinkwasser erhalten, sowie eine ausreichende Ernährung. Sie haben auch das Ziel, ,Hilfe zur Selbsthilfe' zu leisten.

Wasser für Dürregebiete

Äthiopien zum Beispiel ist eines der trockensten Länder der Erde: Rund 80% der Menschen haben nicht genügend sauberes Wasser zum Leben. Vor allem auf dem Land ist die Trinkwasserversorgung sehr schlecht: Viele Wasserquellen sind verschmutzt, denn es fehlt an Zäunen, die das Vieh fernhalten. Während der häufigen Dürreperioden trocknen die traditionellen Wasserquellen oft aus. Das Wasserholen wird als Frauenarbeit betrachtet und es kostet die Frauen und Mädchen jeden Tag viele Stunden. Die Mädchen haben häufig weder die Zeit noch die Kraft, danach die Schule zu besuchen.

1 Sehen Sie sich die Grafik an. Was denken Sie: Wohnt die Mehrheit dieser Kinder in Industrie – oder Entwicklungsländern?

Armut - vor allem die Kinder leiden

Jährlich sterben über 10 Millionen Kleinkinder unter 5 Jahren …

… davon sind
5,6 Millionen unterernährt

Von rund 550 Millionen Kleinkindern

sind unterernährt: 150 Millionen

leben in Haushalten ohne Wasser: über 125 Millionen

leben in Haushalten ohne Sanitäranlagen: über 280 Millionen

welt hunger hilfe

DWHH-Grafik: Tränkle+Immel - Quelle: Unicef, 2007

Durch die Installation eines 40 Meter tiefen Brunnens und einer Pumpe versorgt UNICEF Dörfer in Äthiopien mit sauberem Trinkwasser. 650 Freiwillige aus den Dörfern werden dazu ausgebildet, die Anlagen langfristig instand zu halten. Sie übernehmen auch die Verantwortung für die gerechte Wasserverteilung.

Sanitäranlagen und Hygieneaufklärungen

Hygiene unter den ärmeren Bewohnern von Entwicklungsländern ist oft schlecht: Es fehlt selbst an einfachen sanitären Anlagen. Oft sind Hygieneregeln wie Händewaschen nach dem Toilettengang nicht bekannt. Achtzig Prozent aller Krankheiten bei Kindern in Äthiopien sind auf schmutziges Wasser und mangelnde Hygiene zurückzuführen. UNICEF hilft, Schulen und Gesundheitsstationen mit WCs auszustatten. UNICEF führt auch Aufklärungsveranstaltungen durch, um die wichtigsten Hygieneregeln zu erklären und sicherzustellen, dass die Dorfbewohner ihr Wissen über Trinkwasser und Hygiene an die Familien weitergeben können.

Vokabeln

der karitative Verein(e) *charitable organisation*

betreuen *to look after*

versorgen *to provide*

der Zaun("e) *fence*

das Vieh *livestock*

die Quelle *spring*

der Brunnen(-) *well*

die Anlage *equipment*

2 a Lesen Sie den Bericht und beantworten Sie die folgenden Fragen.

i   Nennen Sie drei Probleme in Krisengebieten der dritten Welt.

ii   Nennen Sie vier Bereiche, in denen karitative Vereine für arme Kinder in Entwicklungsländern eingreifen.

iii   Erklären Sie, was ein ,Dürregebiet' ist.

iv   Nennen Sie zwei Probleme mit der Wasserversorgung in Äthiopien.

v   Nennen Sie einen Grund, warum der Schulbesuch für Mädchen dort oft unterbrochen wird.

vi   Finden Sie im Text zwei Beispiele für Hygieneprobleme. Was sind die Lösungen?

b Übersetzen Sie den vierten Absatz ohne Wörterbuch (Hygiene unter den …) ins Englische. Der Strategie-Text hilft Ihnen dabei.

3 💡 Lesen Sie den Text auf dem Arbeitsblatt und stellen Sie sich vor, Sie wohnen in Las Palmas und arbeiten im Bananenbau. Was sind die Vorteile des fairen Handels für Ihre Familie? Diskutieren Sie.

4 a 🎧 Hören Sie sich das Radiogespräch über Entwicklungshilfe an. Füllen Sie die Lücken aus.

   i   Nach dem Erdbeben in _____ letztes Jahr hat die Regierung _____ Euro, Ärzte, _____ und Soldaten geschickt.

   ii Die Regierung unterstützt auch die Agenda 21: Bis zum Jahr _____ sollen die Hauptindikatoren der Unterentwicklung im Vergleich zum Jahr _____ halbiert werden.

   iii Es geht um _____, aber auch um die Weltsicherheit, weil wir wissen, dass Armut _____ und _____ fördert.

   iv Wir sollten wo möglich fair_____ Produkte kaufen, wie zum Beispiel _____ , Bananen, _____ oder Kleidung.

   v   Fairer Handel bedeutet, dass die Leute genug _____ , um ihre _____ zu _____ .

   vi Fairtrade Sportbälle kosten mehr, aber die _____ in der Fabrik sind gut und es gibt keine _____ .

  b 💡🎧 Hören Sie noch einmal zu. Machen Sie die Aufgaben online.

5 💡 Wie können die Entwicklungsländer ihre Probleme lösen? Diskutieren Sie. Jede(r) wählt eine dieser Meinungen. (Arbeitsblatt)

> Es ist eine Schande, dass die reichen Industrieländer nicht mehr Geld für Entwicklungsländer spenden.

> Geld spenden hilft nicht: Arme Länder werden stärker, wenn sie sich selbst helfen.

6 💡 Schreiben Sie ungefähr 150 Wörter über die Ursachen und Folgen der Armut in Entwicklungsländern. Benutzen Sie die Schlüsselausdrücke. (Arbeitsblatt)

Schlüsselausdrücke

Problems in developing countries

Naturkatastrophen wie Erdbeben, Wirbelstürme oder Tsunamis

der Mangel an Grundausbildung/Infrastruktur/medizinische Behandlung/Hygiene

Kindern und Erwachsenen fehlt es an Trinkwasser/richtiger Ernährung/sanitären Anlagen.

Kriege/Konflikte/Korruption/Wirtschaftskrisen in armen Ländern

Krankheiten und Infektionen breiten sich schnell aus.

Some consequences and solutions

Ich bin der Meinung, dass die Regierung ... sollte.

   die Agenda 21 unterstützen

   Hilfe zur Selbsthilfe leisten

   fairerzeugte Produkte kaufen

   Zeit spenden statt Geld spenden

   medizinische Vorsorge zur Verfügung stellen

➤ Strategie

Gist comprehension with difficult vocabulary

1 Use the context wherever possible. Pick up clues from the title and any subtitles or pictures. Start by skim-reading to get a basic idea of the content and don't panic!

2 Split words up into components which you recognise and try to deduce the meaning by adding them together, e.g. *Freiwillige*.

3 Look at clues such as capital letters, endings, position of the word in the sentence, prefixes such as *ge-* or *un-* to work out if the word is a noun, a verb or an adjective.

4 Read on beyond the word: you might find its meaning becomes clearer.

5 Cognates seem easy, but beware of false friends, e.g. *spenden* means 'to donate', NOT 'to spend' and *handeln* means 'to act'/'to trade', NOT 'to handle'!

Now you should be able to:

- ■ Consider attitudes to wealth and poverty
- ■ Talk about the causes of poverty in Europe and its consequences
- ■ Discuss the causes of poverty in developing countries, and the link with health
- ■ Talk about the work of charitable organisations and governments

Grammar

- ■ Use the subjunctive to form the conditional tense
- ■ Use subordinating conjunctions, including *seitdem, als ob, als*

Skills

- ■ Practise gist comprehension of texts containing difficult vocabulary

✓ Testen Sie sich!

1 Wie sagt man auf Deutsch, *as a billionaire you can afford nice things, but a fortune brings responsibilities*?

2 Was verlangen viele deutsche Teenager von ihren Eltern?

3 Wie wirkt es sich oft auf die Familie aus, wenn Eltern einen langen Arbeitstag haben?

4 Was bedeutet der Ausdruck ‚Die Kluft zwischen Arm und Reich'?

5 Warum werden manche Leute obdachlos?

6 Bei welchen Bevölkerungsgruppen in europäischen Ländern ist Armut statistisch gesehen wahrscheinlicher?

7 Was sind typische Auswirkungen der Armut auf Kinder in Deutschland?

8 Was sind einige der Probleme, die es in der Dritten Welt gibt?

9 Was machen Organisationen wie UNICEF in Entwicklungsländern?

10 Was bedeutet ‚Hilfe zur Selbsthilfe'?

AQA Examiner's tips

Listening

Do not guess the answers. By eliminating the wrong responses you will arrive at the correct answer.

Speaking

You do not have to voice a "politically correct" opinion. You should, however, **not voice an illegal or silly opinion**, but there is always more than one opinion.

Reading

Always look carefully at the **number of marks** for each question: 2 marks means the examiner wants to see 2 details.

Writing

Do not assume that the meaning of **prepositions** in German always mirrors English usage, e.g. to rise to = *steigen auf*.

Heutige gesellschaftliche Fragen

8 Recht und Ordnung

By the end of this chapter you will be able to:

	Language	Grammar	Skills
A **Jugendkriminalität**	■ Discuss crimes, especially involving or affecting young people	■ Use the subjunctive in indirect speech	
B **Ursachen und Vorbeugung**	■ Examine reasons for criminal and anti-social behaviour ■ Discuss measures to reduce crime	■ Use variations in normal word order to change the emphasis of what you want to say	
C **Strafen**	■ Talk about alternatives to imprisonment, and their appropriateness and effectiveness		■ Discuss the advantages and disadvantages of something

Wussten Sie schon?

Kriminalität in Deutschland – neue Trends

- Die Kriminalität in Deutschland verändert sich, wie überall: damals war es Ladendiebstahl, heute ist es Internetbetrug.
- Vor allem ‚Phishing' ist in Deutschland durch die starke Zunahme des Online-Banking zu einem gefährlichen Kriminalitätsphänomen geworden.
- Die Zahl der jugendlichen Straftäter (14 bis 17 Jahre) und die Fälle von Körperverletzung sind in den vergangenen Jahren stark angestiegen.
- Die Kriminalstatistiken zeigen deutlich, dass Frauen viel seltener strafrechtlich in Erscheinung treten als Männer. Besonders niedrig ist der Frauenanteil bei Schwerverbrechen.
- Die Angst vor Kriminalität und Gewalt im Alltag steht an erster Stelle in der ‚Sorgenhitparade' der Deutschen, insbesondere in den Ländern der ehemaligen DDR.

Zum Aufwärmen

1 Welches Wort passt hier nicht?

der Täter   der Verbrecher   das Opfer   der Mörder   der Dieb

2 Was bedeutet ‚Täter-Opfer Ausgleich'?
- a Der Täter und das Opfer sind gleich.
- b Der Täter und das Opfer treffen sich und der Täter entschuldigt sich für seine Tat.
- c Der Täter und das Opfer machen zusammen Kunsttherapie.

3 Finden Sie ein Synonym für ‚schlagen'.

gewalttätig sein   erstechen   prügeln

4 Wie heißen diese Strafen auf Englisch?
- a das Gefängnis
- b die Todesstrafe
- c das Erziehungslager

5 Was verstehen Sie unter dem Ausdruck ‚Asoziales Verhalten'?
- a man benimmt sich vernünftig
- b gewalttätige Delikte in der Gesellschaft
- c lautes randalieren, Graffiti oder Vandalismus

A Jugendkriminalität

Vokabeln

der Täter(-) *culprit*

bedrohen *to threaten*

die Siedlung(en) *housing estate*

randalieren *to rampage*

bewerfen *to throw something at somebody/something*

umkippen *to tip over*

umwickeln *to wrap*

in Brand setzen *to set fire to*

das asoziale Benehmen *anti-social behaviour*

die Aussicht(en) *prospect*

1 🎧 Hören Sie sich den kurzen Bericht über einen Raubüberfall an. Bringen Sie die Sätze in die richtige Reihenfolge.

i   Der 17-jährige hat den Angriff mit einem Messer überlebt, ist aber schwer verletzt.

ii Die Opfer weigerten sich, die Handtasche loszulassen.

iii Der Täter wurde später gefunden.

iv Der 15-jährige hatte Angst.

v   Die junge Frau hat versucht, Hilfe zu holen.

2 a Lesen Sie diesen Artikel über Jugendkriminalität in Köln.

Wenn aus Kindern Täter werden

Köln. „Nach sechs Uhr Abends bleibe ich immer nur zu Hause. Auf der Straße ist es zu gefährlich und ich fühle mich bedroht." Das sagt Frau S., die seit vierzig Jahren in einer Siedlung in einem ärmeren Viertel der Stadt wohnt und ihren Namen nicht nennen will. Randalierende Jugendliche ziehen fast jeden Abend durch die Gegend. Sie trinken, nehmen Drogen und schreien einander an. Graffiti gibt es natürlich überall. „Ich habe wirklich Angst," sagt Frau S.

Während des Karnevals sei es besonders schlimm gewesen, fährt sie fort: „Häuser wurden mit Eiern beworfen, Mülltonnen umgekippt. Jugendliche haben Fahrzeuge mit Toilettenpapier umwickelt und mit ihren Schlüsseln den Lack zerkratzt. Es war schrecklich. Hauswände, Fenster und Autos wurden beworfen und ein Müllsack mit einem Feuerwerk in Brand gesetzt. Asoziales Benehmen sei hier unter Jugendlichen sehr verbreitet," meint Frau S. „Die Eltern kümmern sich nicht darum, dass ihre Kinder die Schule schwänzen und so leicht Drogen oder Alkohol bekommen. Ich halte es hier nicht viel länger aus, nein, wirklich nicht."

Der 14-jährige Alex F. wohnt in derselben Siedlung, nicht weit von Frau S. „Mein Vater ist arbeitslos und Alkoholiker. Er ist oft krank. Meine Mutter ist vor zwei Jahren abgehauen, mein älterer Bruder arbeitet Nachtschichten in der Fabrik. Ich tue also was ich will. Keiner zu Hause macht sich Sorgen um mich. Zur Schule gehe ich kaum mehr – das hat keinen Zweck für mich, ich kann das alles sowieso nicht – und hänge tagsüber meistens mit meiner Clique rum. Wir klauen ab und zu mal ein Auto für eine Spritztour, oder Zigaretten und Alkohol vom Laden, denn Geld hab' ich keins. Das ist ganz einfach: die Leute haben Angst vor uns und mit der Kapuze auf dem Kopf sind wir schwer zu erkennen."

Polizeisprecher Johann Necke meint, dass die Lage doch nicht so schlimm sei: „Es gibt hier in der Siedlung tatsächlich Probleme mit Alkohol und Drogen, die wir aktiv bekämpfen, aber es gibt auch sehr erfolgreiche Jugendprojekte. Das Leben ist oft schwierig für junge Leute und ihre Familien: Es gibt Armut und Arbeitslosigkeit. Die Jugendarbeiter und die Schulen versuchen, die Aussichten solcher Jugendlichen zu verbessern."

b **Wie sagt man das auf Deutsch?**

i I feel threatened.

ii A housing estate in a poorer area of the town.

iii Rampaging youths.

iv Rubbish bins were tipped over and things were thrown at cars.

v Anti-social behaviour is widespread.

vi My mother works night shifts and my father's unemployed.

vii Nobody at home cares about me and I seldom go to school.

viii I mostly hang around with the gang because school has no point for me.

ix It's so easy to steal cigarettes, or a car for joyriding.

c **Lesen Sie den Artikel noch einmal durch. Übersetzen Sie den vierten Absatz ins Englische.**

3 a ▣ **Schauen Sie sich das Video über Diebstahl auf der Straße an. Sind diese Sätze richtig (R), falsch (F) oder nicht angegeben (NA)?**

i Das ist an einem Samstagvormittag passiert.

ii Die zwei Opfer hatten Alkohol getrunken.

iii Der Dieb hatte Angst.

iv Die erste Augenzeugin sagt, dass sie die Opfer kenne.

v Sie sagt auch, dass sie Blut gesehen habe.

vi Der zweite Augenzeuge konnte nichts hören, weil er seinen Musikplayer anhatte.

vii Der Täter ist mit Messer und Handtasche geflohen.

viii Er trug eine Baseballmütze und ein schwarzes T-Shirt.

b 💡▣ **Schauen Sie sich das Video noch einmal an und machen Sie die Aufgaben online.**

4 a 💡✎ **Rollenspiel. Arbeiten Sie zu zweit: Eine Polizistin/Ein Polizist interviewt eine(n) Augenzeugin/Augenzeugen. Machen Sie sich zuerst einige Notizen als Vorbereitung. (Arbeitsblatt)**

• Was wollen Sie fragen?

• Was für ein Verbrechen haben Sie beobachtet?

b 💡✎ **Machen Sie die Aufgabe online.**

5 💡 **Sie haben einen Überfall auf der Straße gesehen. Schreiben Sie einen Augenzeugenbericht (maximum 150 Wörter). (Arbeitsblatt)**

6 💡 **Schreiben Sie einen kurzen Zeitungsbericht über ein Verbrechen (maximum 100 Wörter). Benutzen Sie die Schlüsselausdrücke. (Arbeitsblatt)**

💡 Grammatik

The subjunctive in indirect speech

■ Use the subjunctive when you want to show reported (indirect) speech, thoughts or feelings:

Er sagt, der Täter **sei** blond. *He says the culprit is blond.*

Sie glaubt, er **habe** blaue Augen. *She thinks he has blue eyes.*

Or with *dass*:

Sie glauben, dass der Täter blond **sei**. *They think that the culprit is blond.*

■ When describing speech, thoughts and feelings in the **past tense**, the auxiliary verb takes the subjunctive:

Er sagte, er **habe** das Handy nicht **gestohlen**. *He said he didn't steal the mobile phone.*

Sie meinten, dass er sehr aggressiv **gewesen sei**. *They thought that he was very aggressive.*

Schlüsselausdrücke

Talking about a crime

sich weigern, etwas herzugeben

das Messer ziehen

wurde erstochen

um Hilfe schreien

in der Polizeiwache inhaftiert sein

vor das Jugendgericht kommen

als Erinnerung dienen, dass …

Ich hätte nie gedacht, dass so was hier passieren könnte.

Der Täter wollte Handys stehlen.

B Ursachen und Vorbeugung

Probleme mit der Gesundheit

Drogenabhängigkeit   Alkohol

Einsamkeit   Gewalt in den Medien   Gier

Charakter   Gruppenzwang

Armut   Mangel an Bildung und Zukunftsperspektiven

Langeweile   Familienprobleme

1 Wie wird man zum Verbrecher? Bringen Sie diese Faktoren links in eine sinnvolle Reihenfolge und vergleichen Sie Ihre Liste in der Klasse.

2 Lesen Sie den Text unten und wählen Sie die sechs Sätze, die damit übereinstimmen. Dann übersetzen Sie die Sätze ins Deutsche.

i   Children in primary school learn how to deal with failure and their own feelings.

ii   They learn to avoid conflict and to develop social skills.

iii The project only works with boys.

iv   Many young people have a fascination with motorsport.

v   They learn to vent their aggression and frustration in other ways than through violence.

vi   The training programmes are carried out in youth centres, companies, and at home.

vii It would be wrong to suppress arguments and conflicts.

viii We hope to reduce violent crime.

Vokabeln

der Umgang mit *the way of dealing with something*

der Misserfolg(e) *failure*

fördern *to promote*

die Gewalt *violence*

die berufsbildende Schule(n) *vocational school*

die Bildungseinrichtung(en) *educational establishment*

ständig *constant(ly)*

die Haft *custody/detention*

der Knast *prison/custody*

die Auseinandersetzung(en) *argument*

regieren *to govern*

die Straftat(en) *criminal offence*

[◀] [Ο] [_____] [🔍 Suche]

Startseite | Index | Hilfe | Kontakt | Textversion

Vorbeugung mit Coolness-Training

Das Projekt „Anti-Gewalt" in Berlin arbeitet mit Kindern, Jugendlichen und auch deren Eltern.

Mit unserem Coolness-Training lernen die Kinder schon in der Grundschule den Umgang mit Misserfolgen und mit den eigenen Gefühlen. Das Training zeigt Kindern auf spielerische Art, wie man Konflikte vermeiden kann, und fördert die Entwicklung sozialer Kompetenzen, was auch dem Familienleben zugute kommen kann.

Ein mobiles Team arbeitet dann auch mit gewaltorientierten Cliquen von Teenagern, hauptsächlich durch ‚Kartracing', das auf der Faszination vieler Jugendlicher für den Motorsport basiert. Dies ist ein ausgezeichnetes Mittel, Kinder und Jugendliche anzusprechen, die ansonsten nicht mehr ansprechbar wären. Sie lernen, mit Aggression und Frust auf andere Art als durch Gewalt umzugehen. Theaterspielen, Musik machen und Kunst kommen manchmal auch dazu, je nach den Interessen der Jugendlichen.

Das Mobile Team führt in allgemeinen und berufsbildenden Schulen, in Jugendzentren, in Betrieben und Bildungseinrichtungen Anti-Aggressivitäts-Trainingsprogramme durch und versucht, so oft wie möglich auch die Eltern zu engagieren.

Jonas, 17, nimmt seit vier Wochen am Kartracing Teil und erzählt: „Ich wollte nicht mitmachen, aber ich habe nichts anderes zu tun, hier ist es immer so langweilig, und das war eigentlich nicht schlecht. Ich weiß jetzt, dass ich Kontrolle über meine Aggression habe – ich will ja Arbeit finden und nicht ständig Probleme mit der Polizei haben und im Knast sitzen."

Ein Mitarbeiter des Projekts erklärt: „Streit zwischen Jugendlichen gibt es immer wieder und es wäre falsch, Auseinandersetzungen grundsätzlich aus dem Weg zu gehen und Konflikte zu unterdrücken. Es kommt aber darauf an, wie wir damit umgehen. Und genau hier liegt oft das Problem: Anstatt eine für alle Seiten akzeptable Lösung zu suchen, regiert allzu leicht die Faust. Durch unser Projekt hoffen wir, gewalttätige Straftaten zu reduzieren und auch die Lebensqualität dieser jungen Leute, die oft mit Gewalt aufwachsen, zu verbessern."

3 a 🎧 Hören Sie sich diese Diskussion über Kriminalität an. Füllen Sie die Lücken aus.

i Die Gewaltkriminalität ist mit Gewalt im _____, in Computerspielen und im _____ verbunden.

ii Es gibt zu viel Gier in unserer _____ .

iii Hauptursachen der Kriminalität sind _____, Alkohol, Langeweile und _____ .

iv Wir müssen die Konfliktfähigkeit und die _____ in unserer _____ durch bessere _____ stärken.

v Straftäter müssen _____ behandelt werden, damit ihre Strafe als _____ für andere dient.

vi Wir müssen den _____ junger Leute aufbauen und Alternativen zum _____ anbieten.

b 💡🎧 Hören Sie noch einmal zu. Machen Sie die Aufgabe online.

4 💡 Wie kann die Kriminalität reduziert werden? Diskutieren Sie. Jede(r) wählt eine dieser Meinungen. (Arbeitsblatt)

- Wir müssen uns darüber klar sein, dass Straftäter fast immer ein schwieriges Leben haben. Es gibt viele Ursachen der Kriminalität. Wir müssen alles tun, um sie zu unterstützen, damit sie nicht straffällig werden.
- Diese Leute brauchen Disziplin: von den Eltern, den Lehrern und der Polizei. Recht ist Recht und schlechtes Benehmen muss bestraft werden.

5 💡 Stellen Sie sich vor, Sie sind einem Leben auf der schiefen Bahn entkommen, und Sie erzählen darüber. Was hatten Sie vorher gemacht und wie hat sich Ihr Leben verändert? (Arbeitsblatt)

6 💡 Schreiben Sie einen Beitrag zu einem Blog über Probleme mit Jugendkriminalität in einer Kleinstadt. Schlagen Sie drei mögliche Vorbeugungsmaßnahmen vor. Benutzen Sie die Schlüsselausdrücke. (Arbeitsblatt)

💡 **Grammatik**

Variations in normal German word order

▪ You can create your own style, and change the emphasis of what you say in German, by changing the word order in your sentences.

▪ Begin the sentence with the element you wish to emphasise. Instead of the subject, you could use the accusative or dative object, adjective, adverb, time expression, preposition or subordinate clause:

Den Täter hatte ich schon bemerkt.

Dunkel war es, als ich die Straße entlang ging.

Neben Alkohol sind Drogen eine der Hauptursachen von Jugendkriminalität.

Dass junge Leute mit so viel Gewalt aufwachsen ist erstaunlich.

Schlüsselausdrücke

Discussing causes and prevention of crime

Die Gesellschaft/die Schule/die Polizei muss Verantwortung für … übernehmen.

Die Hauptursachen sind … Alkohol/ Drogenabhängigkeit/Drogenhandel.

der Wunsch nach Zugehörigkeit

sich trauen, nachts auf die Straße zu gehen

Das hängt mit der Gewalt im Fernsehen/in Computerspielen zusammen.

Mögliche Maßnahmen sind …

die Gewalt in den Medien einschränken

Anti-Gewalt Training/Jugendprojekte/ härtere Strafen/Videoüberwachung

Straftäter (nicht) durch Therapie/ Gemeinschaftsprojekte/Bildung unterstützen

den Drogenhandel/die Armut/asoziales Benehmen bekämpfen

an einem Jugendhilfeprojekt teilnehmen

die Kommunikationsfähigkeit stärken

Siedlungen mit schlechten sozialen Bedingungen vermelden

die Selbstachtung aufbauen

Alternativen zum Drogenkonsum anbieten

C Strafen

Vokabeln

das Abschreckungsmittel *means of deterrent*

der Knast *prison (slang)*

der Bundesstaat(en) *state (USA)*

die Todesstrafe *the death penalty*

der Verbrecher(n) *criminal*

die jugendgerichtliche Anweisung *the instruction of a youth court*

die Werkstatt("e) *workshop*

kiffen *to smoke pot (slang)*

erwischen *to catch (a criminal)*

ermitteln *to investigate (a criminal)*

straffällig *punishable for a criminal offence*

der Schrott *junk metal*

gemeinnützig *useful to the community*

der karitative Verein(e) *charitable organisation*

der Täter–Opfer–Ausgleich *mediation between perpetrator and victim of a crime*

---

1 Ordnen Sie die Strafen je nach Härte.

- Haft
- Täter–Opfer–Ausgleich
- Todesstrafe
- Geldstrafe
- Erziehungsanstalt
- gemeinnützige Arbeit
- Therapie

2 a Lesen Sie diesen Artikel.

Alternativen zum Gefängnis

Es gibt mangelnde Beweise dafür, dass Haft als Abschreckungsmittel wirkungsvoll ist. Sind die sogenannten ‚weicheren' Strafen eine wirkliche Alternative?

Abschreckung oder Kriminalisierung?

Jochen W., ehemaliger Häftling, ist dafür. „Dass härtere Strafen kein Abschreckungsmittel sind, sieht man am Beispiel in der USA. Nirgendwo auf der Welt sitzen mehr Menschen im Gefängnis, aber kein westliches Land hat eine höhere Mord- oder Kriminalitätsrate, und das obwohl es in manchen amerikanischen Bundesstaaten die Todesstrafe gibt. Meiner Erfahrung nach wird man im Knast, wo man von Verbrechern umgeben ist, eher noch kriminalisiert. Als ich freigelassen wurde, war es unheimlich schwierig, mein Leben wieder aufzubauen. Ich konnte keine Arbeit finden und meine Frau hatte mich verlassen.

Kunst-Therapie für Kriminelle

Christoph R. wird heute ‚entlassen'. Vier Wochen lang war er auf jugendgerichtliche Anweisung hin in der Jugendwerkstatt „Stattknast", hat Fahrräder repariert, Bilder gerahmt und vor allem nicht getrunken, nicht gekifft, nicht auf der Straße randaliert. Der junge Mann war mit 30 Gramm Haschisch erwischt worden; zuvor wurde gegen ihn wegen Körperverletzung ermittelt. Täglich werden hier acht Jugendliche betreut, die straffällig geworden sind. Sie können Plakate entwerfen, T-Shirts bedrucken, Fotos entwickeln und Skulpturen aus Schrott anfertigen. Hier will man den Jugendlichen durch sinnvolle Arbeit helfen. Bei Christoph scheint das Erfolg gehabt zu haben, denn er will jetzt straffrei bleiben.

Gemeinnützige Arbeit als Strafe

Da die Gefängnisse überfüllt sind, ist es von Vorteil, manchen Straftätern statt Haft eine Geldstrafe oder gemeinnützige Arbeit als Strafe aufzuerlegen. Gemeinnützige Arbeit wird zum Beispiel für karitative Vereine oder in Parks, Bauernhöfen oder Kindergärten als Strafe geleistet. Bestrafte werden natürlich nicht bezahlt, dürfen nie fehlen, müssen pünktlich sein und sich vernünftig verhalten.

Täter-Opfer-Ausgleich

Der Täter–Opfer–Ausgleich (TOA) ist eine Maßnahme zur Vermittlung bei Strafangelegenheiten. Täter und Opfer nehmen freiwillig daran teil, um die Folgen eines Konflikts bzw. einer Straftat durch gegenseitige Kommunikation zu regeln, um dem Täter die Konsequenzen seines Verhaltens bewusst zu machen. Oft kommt dazu die freiwillige Wiedergutmachung durch den Täter, der sich auch für seine Tat entschuldigt. Dadurch versteht er die Wirkung seiner Tat auf das Leben des Opfers besser und bekommt auch oft eine mildere Strafe. Ein Vorteil solcher Vermittlung ist, dass sie für die Steuerzahler viel billiger als Haft ist.

b Ergänzen Sie diese Sätze mit der richtigen Information.

   i   Es gibt kaum Beweise dafür, dass … .

   ii   Wenn man aus dem Gefängnis entlassen wird, ist es schwierig, … .

   iii Die Jugendlichen, die am Kunstprojekt „Stattknast" teilnehmen, können zum Beispiel … .

   iv   Projekte wie „Stattknast" wollen Jugendliche … .

   v   Gemeinnützige Arbeit ist sinnvoller als Strafe, da die Gefängnisse … .

   vi   Beim Täter–Opfer–Ausgleich versteht … .

c 💡 Lesen Sie den Artikel noch einmal durch und machen Sie die Aufgaben online.

3 a 🎧 Hören Sie sich die Diskussion an. Wer sagt das – Robert, Klaus oder Anja?

   i   Straffällige müssen lernen, sich anders zu verhalten.

   ii   Gefängnisstrafe dient als Abschreckung.

   iii Es gibt Möglichkeiten zur Ausbildung im Gefängnis.

   iv   Erziehungsanstalten sind sinnvoll.

   v   Es ist gerecht, dass Straftäter eine Zeitlang ihre Freiheit verlieren.

   vi   Im Gefängnis wird man noch krimineller.

b 🎧 Hören Sie sich die Diskussion noch einmal an. Beantworten Sie die Fragen.

   i   Warum ist eine Haftstrafe dem Opfer eines Verbrechens wichtig?

   ii   Was lernen jugendliche Verbrecher in einem ‚Bootcamp'?

   iii Nennen Sie zwei Probleme, die Straftäter oft haben.

   iv   Was bekommt man manchmal im Gefängnis?

   v   Was für positive Sachen kann man im Gefängnis machen?

   vi   Beschreiben Sie Anjas Kompromisslösung.

4 💡 Schlagen Sie eine passende Strafe für diese Straftaten vor und erklären Sie warum Sie diese Strafe gewählt haben. (Arbeitsblatt)

i
> Kreditkartenbetrug: Martina S., 55, arbeitet in der Rezeption eines Hotels. Sie hat die Kreditkartendaten von Hotelkunden gestohlen und damit teure Fernseher und Stereoanlagen für ihre Familie im Internet gekauft.

ii
> Handtaschenraub (gewalttätig): Max T., 18, wohnt in einer sogenannten ‚Gettosiedlung' in Berlin. Niemand in der Familie hat Arbeit. Er brauchte Geld für seine Freundin und ihr Baby und hat Handy und Portemonnaie aus der Handtasche einer Passantin gestohlen. Da sie die Tasche nicht hergeben wollte, hat er zugeschlagen und ist dann weggerannt.

iii
> Mord: Sergei F., 23, arbeitslos und drogensüchtig, hat seinen Drogenhändler in Hamburg auf der Straße erstochen, weil er kein Heroin für ihn hatte.

5 💡 Gefängnis oder gemeinnützige Arbeit? Beschreiben Sie die Vor- und Nachteile beider Strafen. (Arbeitsblatt)

Schlüsselausdrücke

Dealing with offenders

Meiner Meinung nach sollte … mit … bestraft werden, weil … .

Wenn der Täter gewalttätig wird, … .

Wenn das Opfer verletzt wird, … .

Wenn vieles zerstört/gestohlen wird, … .

Die Strafe muss als Abschreckungsmittel dienen.

Das ist doch nicht so ernst wie … .

Wir wollen keine Straftäter auf der Straße haben.

die Kriminalisierung im Gefängnis

die hohen Kosten der Gefängnisse

die Gefahren für unsere Kinder

die Vorteile für die Gemeinschaft/die karitativen Vereine

was die Straftäter/Gefangenen davon lernen können

🧭 Strategie

Discuss the advantages and disadvantages (pros and cons) of something

1 Organise your arguments clearly.

2 List the advantages and disadvantages separately.

3 Finish with the stronger arguments.

4 Use phrases like these to organise your arguments:

Einerseits… Andererseits… . *On the one hand … On the other hand … .*

Ein Vorteil/Nachteil davon ist, dass… . *An advantage/ disadvantage of it is that … .*

Wenn man die Situation aber genauer betrachtet… . *But if we look more closely at the situation … .*

Wir können nicht leugnen, dass…, aber… . *We cannot deny that …, but … .*

Man muss sich auch fragen, ob… *It is also important to ask whether … .*

Now you should be able to:

- Discuss crimes, especially involving or affecting young people
- Examine reasons for criminal and anti-social behaviour
- Discuss measures to reduce crime
- Talk about alternatives to imprisonment, and their appropriateness and effectiveness

Grammar

- Use the subjunctive in indirect speech
- Use variations in normal word order to change the emphasis of what you want to say

Skills

- Discuss the advantages and disadvantages of something

✓ Testen Sie sich!

1 Nennen Sie Beispiele von sogenanntem ‚asozialem Benehmen'.

2 Warum werden manche Kinder straffällig?

3 Was verstehen Sie unter ‚Anti-Gewalt Training'?

4 Nennen Sie drei Ursachen von Kriminalität.

5 Welche Strafe gibt es in einigen US-Staaten für Mord?

6 Was bedeutet ‚Abschreckungsmittel'?

7 Wo wird gemeinnützige Arbeit oft als Strafe geleistet?

8 Was ist 'Täter–Opfer–Ausgleich'?

9 Nennen Sie einen Nachteil von Gefängnisstrafen.

10 Wie können unsere Straßen sicherer gemacht werden?

AQA Examiner's tips

Listening
Learn the nouns which express size or extent, e.g. *die Mehrzahl, die Hälfte, ein (zwei/drei) Drittel.*

Speaking
If you are faced with a seemingly difficult table, see this as an advantage as it gives you lots of material. **Take your time to read the table** and try and understand what it is saying.

Reading
Revise **indirect/ reported speech**. This is frequently used in newspaper reports and articles.

Writing
Remember that the **essay titles are given for you to express an opinion**. It does not matter whether you are for or against a certain issue – there is no right answer! – as long as you make your position clear and explain your reasons.

9 Wissenschaft und Technologie

By the end of this chapter you will be able to:

	Language	Grammar	Skills
A Technologie im Alltag	■ Discuss the use of modern technology in the home and workplace ■ Discuss the impact of space technology	■ Use the future perfect tense	
B Medizinische Forschung	■ Talk about medical and biological advances		■ Understand and explain the viewpoint of others
C Ethische Fragen	■ Consider the ethical issues linked to scientific and technological progress	■ Use the conditional perfect tense	

■ Wussten Sie schon?

Die Technisierung des Einkaufens

Die Bundesbürger zahlen immer seltener bar. Wie in anderen europäischen Ländern auch werden allerlei Produkte und Dienstleistungen mit Kreditkarte, EC-Karte und Smartcard bezahlt. Man kauft im Internet, mit Handy oder per Teleshopping ein.

Es ist noch gar nicht so lange her, dass sich Deutschlands Discounter alles in bar bezahlen ließen. Wenn bei Aldi, Lidl oder Penny wieder einmal ein Billig-Computer im Angebot war, mussten sich die Kunden mit dicken Geldschein-Bündeln in die Schlange einreihen. Solche Szenen gehören der Vergangenheit an.

Eine völlig bargeldlose Gesellschaft scheint jedoch nicht in Sicht zu sein: Sind wir vielleicht zu sehr an die Münzen und Scheine im Portemonnaie gewöhnt?

■ Zum Aufwärmen

Seit 1950 hat die Technologie das Leben in Deutschland sehr verändert. Finden Sie für jeden Satz die richtige Zahl.

7000	3 Millionen	42 Millionen
5,5 Millionen	500 000	45

i Die Anzahl der Pkws in Deutschland heutzutage.

ii Die Anzahl der Pkws in Deutschland 1950.

iii Die Anzahl der Deutschen, die jetzt jährlich in den Süden reisen.

iv Die Oberfläche in Quadratmetern des Z5, des 1950 hergestellten ersten deutschen kommerziellen Computers.

v Die Anzahl der Fernsehgeräte, die heutzutage pro Jahr in Deutschland verkauft werden.

vi Die Anzahl der Fernsehgeräte in Deutschland 1950.

Vokabeln

der Stromausfall("e) *power cut*

die Klimaanlage *air conditioning*

die Tabellenkalkulation(en)
spreadsheet

der Notfall *emergency*

in Schwung kommen *to start
working*

1 Lesen Sie die Sätze über Satelliten durch. Füllen Sie die Lücken mit den Wörtern im Kasten aus.

i Durch die Daten von _____ kann man sich jetzt wirklich auf die Vorhersagen verlassen und Leben werden dadurch gerettet, zum Beispiel weil Wirbelsturmwarnungen jetzt frühzeitig möglich sind.

ii Ohne _____ wie ASTRA oder EUTELSAT gäbe es keine Live-Übertragungen von Fußball-Weltmeisterschaften oder Popkonzerten aus aller Welt.

iii Telefon-, Handy- und viele Internetverbindungen werden über _____ geleitet, wenn man zum Beispiel ins Ausland telefoniert.

iv Autonavigationssysteme sind jetzt weitverbreitet und auch Wanderer benützen _____ .

| Fernsehsatelliten | Kommunikationssatelliten |
| GPS-Satelliten | Wettersatelliten |

2 a Lesen Sie den Text.

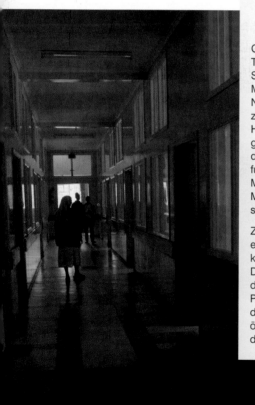

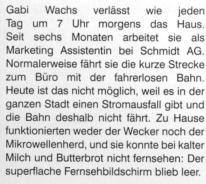

Opfer der Technik

Gabi Wachs verlässt wie jeden Tag um 7 Uhr morgens das Haus. Seit sechs Monaten arbeitet sie als Marketing Assistentin bei Schmidt AG. Normalerweise fährt sie die kurze Strecke zum Büro mit der fahrerlosen Bahn. Heute ist das nicht möglich, weil es in der ganzen Stadt einen Stromausfall gibt und die Bahn deshalb nicht fährt. Zu Hause funktionierten weder der Wecker noch der Mikrowellenherd, und sie konnte bei kalter Milch und Butterbrot nicht fernsehen: Der superflache Fernsehbildschirm blieb leer.

Zehn Minuten muss sie zu Fuß gehen, was eigentlich ganz angenehm ist. Zum Glück kann sie Downloads auf ihrem i-Pod hören. Dann steht Gabi vor der Eingangspforte des Bürogebäudes und vor dem nächsten Problem: Sie hat den Sicherheitspass in der Hand, aber die elektronische Tür öffnet sich nicht. Nach lautem Klopfen, denn die Videogegensprechanlage

funktioniert natürlich auch nicht, kommt ein Mitarbeiter, und gemeinsam schaffen sie es, die schwere Tür zu öffnen. Atemlos erreicht sie endlich ihr Büro im fünften Stock. An so viele Treppen ist sie gar nicht gewöhnt, aber der Aufzug funktioniert heute leider auch nicht.

Der Raum ist schon zu warm, weil die Klimaanlage natürlich nicht läuft und die automatischen Fenster nicht aufgehen. Gabi fragt sich, wie sie sich an diesem Tag ohne Computer überhaupt beschäftigen kann. Die üblichen Aufgaben – E-Mail lesen, im Internet surfen, Tabellen-kalkulationen ausfüllen, an Online-Konferenzen teilnehmen, Dokumente aus-drucken – kann sie nicht erledigen. Ihren elektronischen Kalender kann sie auch nicht lesen und das Telefonnetz ist außer Betrieb. Wenigstens kann sie SMS an ihre Freunde schicken und sich ausruhen, bis der Notfallgenerator in Schwung kommt.

b Beantworten Sie die Fragen.

i Was macht Gabi Wachs von Beruf und wie lange schon?

ii Warum muss sie heute zu Fuß ins Büro gehen?

iii Welche Probleme hat sie zu Hause gehabt?

iv Was funktioniert heute nicht im Bürogebäude? (Nennen Sie sechs Beispiele.)

v Was zeigt uns diese Geschichte über das moderne Leben?

3 a Lesen Sie den Artikel über Weltraumtechnologie.

Experimente im All: Was bringt das?

Raumfahrt und wissenschaftliche Experimente im All haben unser Leben in vielen Bereichen verändert. Klettverschluss, Solartechnik, Herzschrittmacher und der Strichkode im Supermarkt sind zum Beispiel Nebenprodukte der Raumfahrt.

Solarzellen wurden für die Energieversorgung von Raumflugkörpern wie Satelliten entwickelt. Bald werden deutsche Haushalte sie ganz billig auf dem Dach installieren können. Klettverschlüsse an Turnschuhen, Taschen und Jacken gibt es noch nicht lange – auch sie sind Erfindungen aus der Weltraumforschung: In der Schwerelosigkeit des Weltraums würden lose Objekte durch die Gegend fliegen. Das wäre unpraktisch, da die Astronauten dann nichts wieder finden könnten. Deshalb wurden überall an Bord des Raumschiffs Klettverschlussstücke aufgeklebt.

Die Raumfahrt ist sehr teuer – jedes zusätzliche Kilogramm, das ins All befördert wird, kostet Millionen von US-Dollar. Wissenschaftler arbeiten ständig daran, Raumschiffe leichter zu machen. Neue Stoffe wie Karbon, Kevlar und Glaskeramik wurden ausprobiert und erfolgreich eingesetzt. Jetzt werden sie in Flugzeugen und Autos verwendet. Auch sie verbrauchen weniger Energie, je leichter sie sind.

b Übersetzen Sie diese Sätze ins Deutsch.

i Space travel has improved our everyday life.

ii Thanks to scientific experiments in space we have velcro fastenings for trainers.

iii In a few years many German households will have installed solar cells.

iv Pacemakers and supermarket bar codes are discoveries from space travel.

v New, lighter materials, like carbon fibre, were tried out.

vi These materials are now built into cars and aeroplanes.

c 💡 Lesen Sie den Artikel noch einmal durch und machen Sie die Aufgaben online.

4 🎧 Drei Personen sprechen über Technologie in ihrem Alltag. Hören Sie zu und beschreiben Sie jeweils wie sie die neue Technologie benutzen und was für Nachteile sie daran erkennen.

5 💡 Was sind die Vorteile und Nachteile von Computer in unserem Alltagsleben? Schreiben Sie etwa 150 Wörter. (Arbeitsblatt)

💡 Grammatik

The future perfect tense

■ The future perfect refers to events which will have been completed by a certain point in the future.

■ It is formed with the present tense of the verb *werden*, and a past participle with the infinitive of *haben* or *sein*. It is often introduced by an adverb of time:

Ich **werde** ganz viel Geld in Second Life **verdient haben**. *I will have earned quite a lot of money in Second Life.*

In fünf Jahren **werden** 70% aller deutschen Haushalte die W-LAN-Technologie **gekauft haben**. *In five years, 70% of German households will have bought wireless technology.*

Vokabeln

der Weltraum *space*

wissenschaftlich *scientific*

das All *space/ the universe*

der Klettverschluss("e) *Velcro fastening*

die Erfindung(en) *discovery*

einsetzen *to bring into action, use*

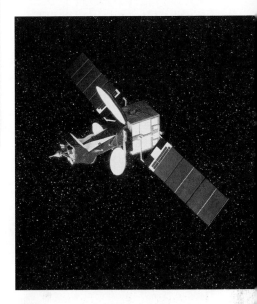

Schlüsselausdrücke

Advantages and disadvantages of scientific progress

Es geht nicht nur darum, … sondern auch … .

Dank der Raumfahrt haben wir Fernsehsatelliten/ Kommunikationssatelliten/GPS-Satelliten/Wettersatelliten.

in eine virtuelle Welt einloggen

Internetkriminalität ist ein wachsendes Problem.

die Gefahr durch Viren

Den ganzen Tag am Bildschirm sitzen ist nicht gesund.

Für Körperbehinderte ist die Technologie besonders wichtig.

Kabelloser Internetzugang bringt viel Flexibilität.

immer Kontakt zu den Kunden haben

Ich mache mir Sorgen über die Strahlenwerte dieser Geräte.

die langfristigen Nebenwirkungen

Medizinische Forschung

Stammzellen	Therapie
Gen	Mittel
Arznei	Spender
Organ	Forschung

1 Bilden Sie vier zusammengesetzte Wörter links und finden Sie die passende Übersetzung im Kasten unten.

organ donors   gene therapy   medicines   stem cell research

Vokabeln

das Spenderorgan(e) *donated organ*
die Stammzelle(n) *stem cell*
der Forscher(-) *researcher*
das Knochengewebe *bone tissue*
die Querschnittslähmung
  paraplegia
der Herzinfarkt(e) *heart attack*
der Schlaganfall("e) *stroke*

Therapien von morgen

Wie in anderen westlichen Industrieländern, so steigt die durchschnittliche Lebenserwartung auch in Deutschland, aber es gibt immer noch unheilbare Krankheiten. Weltweit forschen Naturwissenschaftler nach neuen Arzneimitteln. In der Laser-Chirurgie, zum Beispiel, sowie auch in der Schlüsselloch-Chirurgie, hat man große Fortschritte gemacht. Die Transplantationschirurgie hat viele Leben gerettet, aber es gibt einen Mangel an Spenderorganen und lange Wartezeiten, sowie Probleme mit der Unverträglichkeit von Transplantaten.

Stammzellentherapie für unheilbar Kranke

Der absolute Star der Naturwissenschaft ist die Stammzellentherapie. Stammzellen besitzen die Fähigkeit, jede Art von menschlichen Zellen zu bilden. Laut Forschern werden in Zukunft ‚Ersatzteile' wie Knochengewebe, Zähne oder sogar ganze Organe mit Hilfe von Stammzellen entwickelt werden. Krankheiten wie Parkinson, Diabetes, Multiple Sklerose, Querschnittslähmungen und Schäden nach einem Herzinfarkt oder Schlaganfall können möglicherweise sogar mit Hilfe von Stammzelleninjektionen geheilt werden.

Hoffnung oder Horror?

Die Stammzellentherapie ist jedoch höchst umstritten. Die nützlichsten und flexibelsten Stammzellen bekommt man von sehr frühen menschlichen Embryonen, die durch diesen Prozess vernichtet werden. Viele Leute sind gegen diese Vernichtung eines ‚menschlichen Lebens', während andere meinen, dass Embryonen nur ‚Zellklumpen' sind.

Ein Embryo aus Mensch und Kuh

Stammzellexperten in Großbritannien haben Embryonen aus Eizellen von Kühen und menschlicher DNA, zum Beispiel von Hautzellen, geschaffen. Menschliche Eizellen für Forschungszwecke gibt es kaum. Deshalb kamen die Forscher auf die Idee, diesen Mangel durch die Verwendung von Kuheizellen zu überwinden, um ‚menschliche' Stammzellen für ihre lebensrettende Forschung zu schaffen. Obwohl solche ‚Mischembryonen' nach wenigen Tagen vernichtet werden, wird diese Forschung heftig kritisiert.

2 Lesen Sie den Text „Therapien von morgen". Welche Sätze stimmen mit dem Text überein?

i Die Deutschen leben heutzutage länger.

ii Die Pharmaunternehmen wollen noch mehr Krankheiten heilen können.

iii Es gibt zu viele Spenderorgane für die Transplantationschirurgie.

iv Man hofft darauf, mit Stammzellen neue Körperteile schaffen zu können.

v Stammzellinjektionen werden ‚unheilbare' Krankheiten hoffentlich heilen.

vi Viele Leute finden die Stammzellentherapie ethisch problematisch.

vii Kuheizellen werden verwendet, weil die Qualität der Embryonen besser ist.

viii Viele Leute sind gegen diese britische Forschung.

3 💡 Lesen Sie den Artikel „Designer-Babys?" auf dem Arbeitsblatt und machen Sie die Aufgaben.

4 a 🎧 Hören Sie sich die Diskussion an. Ergänzen Sie die Sätze mit einem Wort.

i Ein Embryo hat das Recht auf ..... .

ii ‚Embryo' ist ein Fachausdruck und kein ... .

iii Wir müssen unser Schicksal ... .

iv Wir müssen so schnell wie möglich mit dieser Forschung ... .

v Die Pharmaunternehmen wollen davon ... .

vi Die Genforschung ist sehr ... .

b 💡🎧 Hören Sie sich die Diskussion noch einmal an. Machen Sie die Aufgaben online.

5 💡 Wählen Sie eine Frage und äußern Sie Ihre Meinung dazu. Sehen Sie sich auch das Arbeitsblatt an.

- Sollten wir ‚Designer-Babys' zulassen?
- Ist es wünschenswert, so lange wie möglich zu leben?
- Wie können wir den Mangel an Spenderorganen für die Transplantationschirurgie überwinden?
- Sollte man Embryonen in der medizinischen Forschung benutzen?

6 💡 Was erwarten Sie in zehn Jahren von der Medizin? Nennen Sie fünf Möglichkeiten. Sehen Sie sich auch das Arbeitsblatt an.

7 Fassen Sie Ihre Meinung zu einer der Fragen aus Aufgabe 5 zusammen (maximum 100 Wörter). Benutzen Sie die Schlüsselausdrücke.

🔑 Strategie

Understanding and explaining the viewpoint of others

1 Before responding to a statement, try to identify possible reasons for the person's viewpoint. Could it be related to their age, cultural background, religious beliefs or family situation? Taking this into account and showing sensitivity when replying in a conversation is a skill in any language.

2 You can use phrases like these to explain viewpoints you have heard or read:

Laut Jakob ist ein Embryo …

Marias Meinung/Ansicht nach sind Embryonen … .

Wir müssen Verständnis dafür haben, dass Jakob … .

Man sollte nicht vergessen, dass Maria … .

Man muss betonen, dass Jakob … .

Man muss sich darüber im Klaren sein, dass … .

▦ Schlüsselausdrücke

Medical research

Ich vermute, dass … .

Ich könnte mir vorstellen, dass … .

Es ist (un)wahrscheinlich, dass … .

Ich habe wirklich Zweifel, ob … .

Es sollte Pflicht sein, … zu … .

Ist alles, was möglich ist, auch ethisch verantwortbar?

Die Forschung ist zweifellos wichtig, aber um welchen Preis?

Die Grenzen werden immer weiter verschoben.

dazu fähig sein, … zu … .

die Vernichtung eines menschlichen Lebens

C   Ethische Fragen

1 Lesen Sie die folgenden Aussagen und diskutieren Sie. Mit welchen Aussagen stimmen Sie überein? Begründen Sie Ihre Meinung.

- Tiere sollten unter keinen Umständen für wissenschaftliche Experimente eingesetzt werden.
- Gentechnisch manipulierte Lebensmittel sind das beste Mittel, um Nahrung für hungernde Menschen zu produzieren.
- Durch die Technisierung unseres Lebens verlieren wir unsere Traditionen und Kultur.
- Die ständige Kontrolle durch Kameras auf den Straßen beeinträchtigt/begrenzt die persönliche Freiheit von Autofahrern und Fußgängern.

Vokabeln

die Überwachung *surveillance*

die Speicherung *storing*

die Genehmigung *permission/authorisation*

schützen *to protect*

die Sicherheit *security*

Startseite | Index | Hilfe | Kontakt | Textversion

Aufruf zur Demo ‚Freiheit statt Angst'! Samstag den 4. September, Berlin

Wurden Sie heute schon überwacht? Hätten Sie es bemerkt?

Moderne Technologie hat dazu geführt, dass Staat und Unternehmen uns immer umfassender registrieren, überwachen und kontrollieren. Egal, was wir tun, mit wem wir sprechen oder telefonieren, wohin wir gehen oder wohin wir auch fahren, mit wem wir befreundet sind, was wir im Supermarkt kaufen oder in welchen Gruppen wir engagiert sind – der ‚große Bruder' Staat und die ‚kleinen Brüder' aus der Wirtschaft wissen immer alles.

RFID Technik (Radio Frequency Identification) macht vieles möglich: Der Kühlschrank, der die Milch von alleine auf die Einkaufsliste setzt, der Chip unter der Haut, der den Notarzt sofort über Blutgruppe und Allergien informiert. Die Fahrkarten der Londoner U-Bahn, das Maut-System in Singapur, Supermarkt-Treuekarten und zahlreiche Skilifte in Wintersportgebieten der Alpen funktionieren alle mit RFID-Chips. Doch dieselbe Technologie ermöglicht auch die Überwachung und Speicherung unserer persönlichen Daten. Wer weiß, was alles über uns bekannt ist?

Die automatische Kfz-Nummernschilderkennung, Gesichtskontrolle im Flughafen und mögliche online-Durchsuchungen unserer Computer. Dazu kommen manchmal die Aufzeichung unserer von Handys und vom Internet aus geführten Gespräche, die Speicherung von Flugpassagierdaten, sowie von biometrischen Daten in Pässen und Ausweisen. Täglich wird man gefilmt: auf der Autobahn, beim Kaffee kaufen, im Einkaufszentrum oder in der U-Bahn, denn an immer mehr Plätzen sind Videokameras auf uns gerichtet. Sie sind meistens versteckt und manchmal ohne Genehmigung installiert. Werden diese Daten gut geschützt? Das können wir nur hoffen, aber Probleme mit der Datensicherheit sind bei weitem nicht selten.

Wir fordern weniger Überwachung, und Freiheit statt Angst!

Die Initiative gegen Überwachung

2 **a** Lesen Sie den Text „Aufruf zur Demo ‚Freiheit statt Angst'!" Finden Sie die richtigen Vokabeln.

    i   zwei Vokabeln, die auf Protest deuten

    ii   drei Vokabeln, die auf Kontrolle deuten

    iii drei Beispiele von Daten, die gesammelt werden

    iv drei Beispiele von Überwachungsmethoden

b 💡 Lesen Sie den Text noch einmal durch und machen Sie die Aufgabe online.

3 💡 Lesen Sie den Bericht „Tiere im Labor" auf dem Arbeitsblatt und machen Sie die Aufgaben.

4 🎧 Hören Sie sich die Meinung über gentechnisch manipulierte Pflanzen an. Sind diese Sätze richtig (R), falsch (F) oder nicht angegeben (NA)?

    i   Kartoffeln, die Spinnengene enthalten, sind schon Wirklichkeit.

    ii   Immer mehr Genmais wird auf deutschen Feldern angepflanzt.

    iii Diese Pflanzen haben viele Vorteile, wie Geschmack und Widerstandskraft gegen Krankheiten.

    iv Wir dürfen die Gefahren der gentechnisch manipulierten Pflanzen nicht unterschätzen.

    v   Der Sprecher glaubt nicht, dass die Vielfalt der Natur bedroht sei.

    vi Er befürwortet Lebensmittel, die als ‚gentechnikfrei' gekennzeichnet sind.

5 ✏️💡 Diskutieren Sie das Thema „Überwachungstechnologien: zuviel Fortschritt?" zu zweit. Benutzen Sie das Arbeitsblatt.

6 💡 Schreiben Sie eine E-Mail an den Minister für Ernährung, Landwirtschaft und Verbraucherschutz, in der Sie gegen gentechnisch manipulierte Lebensmittel protestieren. Sehen Sie sich das Arbeitsblatt und die Schlüsselausdrücke an.

💡 Grammatik

The conditional perfect tense

▪ Use this tense to talk about things that could have happened, but didn't, in the past.

▪ It is formed with the imperfect subjunctive of the auxiliary verbs *haben* or *sein*, plus a past participle:

Ich **hätte** eine E-Mail **geschrieben**. *I should have written an email.*

Ich **wäre** nach Berlin **gefahren**. *I would have travelled to Berlin.*

▪ You can use the conditional perfect to express a wish relating to the past (if only …). Start with the auxiliary verb:

Hätte ich nur diese SMS nicht **geschrieben**! *If only I hadn't sent that text!*

Wäre ich nur nicht zu Fuß **gegangen**, dann wäre ich früher angekommen. *If I hadn't walked I'd have arrived earlier.*

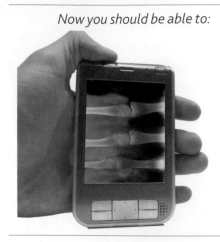

Now you should be able to:

- ■ Discuss the use of modern technology in the home and workplace
- ■ Discuss the impact of space technology

- ■ Talk about medical and biological advances

- ■ Consider the ethical issues linked to scientific and technological progress

Grammar

- ■ Use the future perfect tense

- ■ Use the conditional perfect tense

Skills

- ■ Understand and explain the viewpoint of others

✓ Testen Sie sich!

1 Was für Geräte gibt es in einem typischen westlichen Haushalt?

2 Nennen Sie ein Nebenprodukt der Weltraumforschung.

3 Wie hat sich das Arbeitsleben dank der Technologie verändert?

4 Was für Probleme hat die Transplantationschirugie mit Spenderorganen?

5 Was verstehen Sie unter ‚Designer-Baby'?

6 Was sind Stammzellen?

7 Warum ist die Verwendung von Embryonen in der Stammzellforschung sehr umstritten?

8 Wozu werden die meisten Versuchstiere in Labors eingesetzt?

9 Wozu werden RFID Chips verwendet?

10 Warum wird gegen Überwachungstechnologien protestiert?

AQA　Examiner's tips

Listening

Always go back and **check your work**!

Speaking

If you don't have an opinion – make one up! Pretend you think it's good that children watch a lot of TV, that mothers stay at home, or that supermodels are worshipped. The examiner is **not grading your opinions** but your language.

Reading

Prepare yourself **mentally** for the exam. Tell yourself you will focus on the task at hand. You can switch off everything else. Don't let anything distract you.

Writing

Revise the **genders (and plural forms) of nouns**, noting which endings indicate a particular gender.

10 Kulturdossier

To help you speak and write effectively about the culture of the German-speaking world, we will consider the following areas:

- how to talk or write about the geography of a German-speaking region, a period of German and Austrian twentieth-century history, the work of German-speaking authors, playwrights, poets, musicians, film directors, artists and architects

- how to evaluate the influence these aspects have had on the country's development

- how to talk or write about a range of characteristics and features of the chosen cultural topic

- how to give a personal perspective on a topic

- how to develop the scope of your vocabulary, including appropriate specialist terms

- how to speak and write about the topic in an accurate and precise manner.

You will study **two** of the five cultural topics on offer in the specification during your A2 year. These will be assessed in the writing section of the Unit 3 examination and in the Unit 4 speaking test. The cultural topics are by design flexible in their range and coverage and offer you an opportunity to pursue areas of personal interest.

Some of your work will undoubtedly be undertaken in the classroom under the direction of teachers but you will also have the chance to carry out private research and to extend your knowledge in areas of interest to you.

The materials included in the cultural topic section will cover certain aspects of the five topic areas set out in the specifications. The chapter will not provide sufficient material for you to use in an examination situation and you may well decide to pursue an entirely different area of study. The aim will be rather to provide guidance, a sense of direction and purpose and to equip you with the skills needed to carry out your own research and enquiry effectively.

The German-speaking countries include many contrasting regions. Germany in particular has played a major role in 20th century history (e.g. East and West Germany), and cultural life throughout this part of Europe has been strongly influenced by its politics and history. Moreover, Germany has been vital to the development of the European Union. Many important contributions to European culture come from the German-speaking countries in the fields of literature, drama, art, architecture and music, and the work of these artists offers a host of opportunities for research.

Eine Region im deutschen Sprachraum

In diesem Teil stellt man Ihnen eine ländliche Region im Norden Deutschlands und eine Stadt in Österreich vor. Themen wie die geographische Lage, die Geschichte, die Bevölkerung und die Wirtschaft werden hier behandelt. Sie werden auch herausfinden, was die positiven und negativen Aspekte des Lebens in diesen Regionen sind.

Für Ihre eigenen Recherchen könnten Sie sich eine Region wie Bayern aussuchen, die reich an Geschichte ist. Oder vielleicht haben Sie schon einmal das Rheinland besucht und wollen deshalb Ihre Kenntnisse dieser Region vertiefen und erweitern. Sie könnten eine Stadt wie Hamburg wählen oder ein eher ländliches Gebiet wie Schleswig-Holstein. Am wichtigsten ist es aber, dass Sie bei Ihren Recherchen die oben erwähnten Themen in Betracht ziehen.

die Mecklenburger Landschaft

Mecklenburg-Vorpommern

Rügen

das Schweriner Schloss

die Ostsee

Die Bevölkerung des an der Ostsee liegenden Bundeslandes Mecklenburg-Vorpommern betrug 1987 etwa zwei Millionen. 2008 ist sie auf rund 1,6 Millionen gesunken. Rostock (mit zirka 200 000 Einwohnern) und die Landeshauptstadt Schwerin (mit ungefähr 100 000 Einwohnern) sind die wichtigsten Städte. Nennenswert sind aber auch Stralsund, Neubrandenburg, Greifswald und Wismar. Die Insel Rügen ist als Urlaubsparadies schon lange weltbekannt.

Qualität und Tradition sind für die Wirtschaft in Mecklenburg-Vorpommern sehr wichtig. Seit der Wiedervereinigung Deutschlands 1990 hat sich in diesem Land ein umfassender Strukturwandel vollzogen. Heute ist Mecklenburg-Vorpommern ein attraktiver und wettbewerbsfähiger Wirtschaftsstandort inmitten der Wachstumsregion Ostseeraum. Das Land bietet Investoren eine moderne Infrastruktur und eine innovative Wirtschaftspolitik. Die Biotechnologie hat hier erfolgreich Fuß gefasst, ebenso der Metall- und Maschinenbau. Außerdem hat sich Neubrandenburg zu einem Zentrum der Finanzwirtschaft entwickelt. Die hochmodernen Seehäfen und der Schiffsbau sind natürlich ebenfalls wichtige Faktoren des Außenhandels, durch die sich Mecklenburg-Vorpommern als Verkehrs- und Logistikstandort etabliert hat.

Aufgrund der besonderen geografischen Gegebenheiten hat sich Mecklenburg-Vorpommern zu einem Tourismusland entwickelt. Der Tourismus trägt mit über 10% zum Bruttosozialprodukt des Landes bei. Über vier Millionen Besucher aus dem In- und Ausland lernen diese Region jährlich kennen. Mecklenburg-Vorpommern ist heute das deutsche Gesundheitsland Nummer eins und weiteres Wirtschaftswachstum ist deshalb vorausgesagt.

1 Lesen Sie den Text. Benutzen Sie dann die Stichpunkte unten, um Notizen über das Land Mecklenburg-Vorpommern zu machen.

- Wirtschaft und Industrie
- Geographische Lage
- Tourismus
- Bevölkerung
- Städte

2 Wählen Sie jetzt eine Region im deutschen Sprachraum und schreiben Sie dann einen Bericht (200–250 Wörter) zum folgenden Thema: „Wie hat sich die von mir gewählte Region in den letzten 20 Jahren entwickelt?" Ziehen Sie die folgenden Fragen in Betracht.

- Wie war die politische Situation vor 20 Jahren? Wie ist sie jetzt?
- Welche Industrien gab es früher/gibt es heute?
- Wie ist der Arbeitsmarkt?
- Ist die Bevölkerungszahl gestiegen oder gesunken?

3 🎧 Hören Sie sich das Interview mit Herrn Bruno Metzing, Leiter der Arbeitsagentur in Schwerin, an. Beantworten Sie dann die folgenden Fragen auf Deutsch.

i Welche Probleme gab es in Schwerin nach der Wende?

ii Was sagt Herr Metzing über die wirtschaftliche Situation in der ehemaligen DDR?

iii Wie viele Menschen in Schwerin sind zurzeit arbeitslos?

iv Wie ist die Arbeitslosenzahl im Vergleich zum Vorjahr?

v Nennen Sie drei Wirtschaftsbranchen, in denen die Situation gut aussieht.

vi Worüber macht sich Herr Metzing Sorgen?

vii Wie könnte man laut Herrn Metzing die Situation verbessern?

4 Herr Metzing hat über die allgemeine Marktlage seiner Stadt gesprochen. Wie ist die Situation auf dem Arbeitsmarkt in der von Ihnen gewählten Region? Machen Sie sich Notizen zu den folgenden Punkten.

- die Hauptattraktionen und Hauptprobleme
- die Entwicklung des Arbeitsmarktes in den letzten paar Jahren
- die heutige Situation – Zahl der Arbeitslosen
- die Wirtschaftsbranchen, in denen es Grund zum Optimismus gibt, und die Gründe dafür
- die Wirtschaftsbranchen, die Gründe zur Besorgnis geben
- Zukunftsperspektiven und mögliche Lösungen
- Ihre persönliche Bewertung der Situation

5 ✍ Bereiten Sie einen Vortrag über die Industrie und die industrielle Entwicklung der letzten Jahre in der von Ihnen gewählten Region vor. Sie sollten darin folgende Fragen beantworten.

- Inwiefern spielt die geographische Lage in dieser Region eine bedeutende wirtschaftliche Rolle?
- Welche Industrien sind in dieser Region wichtig und warum?
- Welche industriellen Probleme hatte man in dieser Region?
- Wie hat man auf die Probleme reagiert und inwieweit hat man sie überwunden?
- Was sind die größten wirtschaftlichen Erfolge in dieser Region und warum?
- Warum hat diese Gegend gute Zukunftsaussichten?

Strategie

Structure and reinforce your arguments

Using different ways to start your sentences can help you to structure and reinforce your arguments, alerting your reader or listener to what comes next:

> Außerdem …
>
> Was die Industrie betrifft …
>
> Man sollte auch erwähnen, dass ….
>
> Vor 20 Jahren gab es …
>
> Heutzutage entwickelt sich …
>
> Für diejenigen, die …
>
> In den kommenden Jahren …
>
> Dank des Strukturwandels …

𝒊 Recherchieren Sie!

When selecting the German-speaking region which you wish to study, you should:

■ draw on personal experience, interests and ability

■ ensure that studying your chosen region will provide sufficient material to fulfil the requirements of the examination

■ show that you have gained detailed knowledge of the facts relating to the geography, history and industrial development of the region

■ be able to research statistical information and trends

■ consider and evaluate the positive and negative characteristics of your chosen region.

der Schweriner Marktplatz

■ Die Stadt Graz

Interview mit Herrn Nolde, Direktor der Grazer Stadtverwaltung

der Grazer Uhrturm

Interviewer: Guten Tag, Herr Nolde. Die Natur ist ein wichtiger Aspekt dieser Stadt, nicht wahr?

Herr Nolde: Ja, sicher. Vom Flugzeug aus sieht man es eigentlich am besten. Graz ist eine Gartenstadt! Überall sieht man große Parks, gepflegte Gärten und naturbelassene Wälder. Für die Grazer bedeutet der Grünraum eine hohe Lebensqualität. Man hat alle Annehmlichkeiten der Stadt und ist doch in nur wenigen Minuten mitten im Grünen.

Interviewer: Inwiefern kann man Graz auch als moderne Industriestadt beschreiben?

Herr Nolde: Graz ist mit hochspezialisierten Betrieben und internationalem Know-how das wirtschaftliche Herz der Steiermark. Dazu sollte man aber auch erwähnen, dass Graz auch als Ökostadt gilt und wichtige Umweltprojekte in die ganze Welt exportiert. Hier in Graz gehen Wirtschaftswachstum und Umweltschutz Hand in Hand.

Interviewer: Könnten Sie die städtische Infrastruktur kurz erläutern?

Herr Nolde: Aber sicher! Öffentliche Verkehrsmittel, Flughafen, Bahnhof, Straßen, Strom- und Gasversorgung und Müllabfuhr. All diese Dinge sind im täglichen Leben ganz selbstverständlich. Doch ab und zu sollte man sich überlegen, wie gut und problemlos die städtische Infrastruktur in Graz funktioniert und wie viele Menschen ihren Lebensunterhalt damit verdienen.

Interviewer: Graz ist aber nicht nur eine moderne Industriestadt, oder?

Herr Nolde: Absolut nicht! Wussten Sie, dass Graz die größte Bauerngemeinde der Steiermark ist? Rund 7585 Rinder, Schweine, Schafe, Hühner und sonstiges Geflügel werden in etwa 340 Betrieben hier allein im Stadtgebiet gehalten. Auf 14 verschiedenen Bauernmärkten bieten die Landwirte das ganze Jahr über kulinarische Köstlichkeiten aus Küche, Keller und Garten an.

Interviewer: Welche Rolle spielt Graz auf europäischer Ebene?

Herr Nolde: Die Stadt war schon ein wirtschaftliches und politisches Zentrum im Südosten der Europäischen Union, doch seit der EU-Erweiterung ist sie weiter ins Herz der Staatengemeinschaft gerückt. Graz ist also eine bedeutende Drehscheibe für den europäischen Integrationsprozess geworden. Für die neuen EU-Staaten ist Graz eine wichtige Stadt zum Wissensaustausch; viele profitieren von den EU-Erfahrungen der steiermärkischen Landeshauptstadt.

Interviewer: Herr Nolde, vielen Dank für das Gespräch.

1 Fassen Sie das Interview über die Stadt Graz zusammen. Berücksichtigen Sie die folgenden Stichpunkte.

- geographische Lage und natürliche Attraktionen
- Wirtschaft und Industrie
- Infrastruktur
- Umweltbewusstsein
- Rolle auf europäischer Ebene

Stadtzentrum Graz

Blick über die Stadt Graz

2 Wählen Sie jetzt Ihre eigene Region im deutschen Sprachraum. Schreiben Sie einen Bericht (200–250 Wörter) zum folgenden Thema: „Inwiefern spielt meine gewählte Region im 21. Jahrhundert eine bedeutende Rolle?" Sie sollten in Ihrem Bericht die folgenden Fragen erwägen.

- Hat sich hier seit dem Jahr 2000 etwas Wichtiges ereignet?
- Welche Rolle spielt die Region in der erweiterten EU?
- Welche neuen Industriezweige gibt es?
- Wie hat sich die Infrastruktur entwickelt?
- Was tut man hier, um die Umwelt zu schützen?

3 🎧 Hören Sie sich das Interview an und lesen Sie dann die folgenden Aussagen. Sind die Aussagen richtig (R), falsch (F) oder nicht angegeben (NA)?

i Die Wellnessindustrie ist für die Stadt Graz von geringer Bedeutung.

ii Die Sommersaison in Graz war letztes Jahr gut.

iii In der ersten Hälfte dieses Jahres gab es mehr Besucher als zur gleichen Zeit im Vorjahr.

iv Weniger Österreicher haben in den ersten Monaten des Jahres die Stadt Graz besucht.

v Tausende von Touristen werden im Februar in Graz erwartet.

vi Man kann dieses Jahr im Grazer Raum bis Mitte April Ski fahren.

vii Radfahren zählt ebenfalls zu den Touristenattraktionen von Graz.

4 Inwiefern spielt Tourismus eine wichtige Rolle in der von Ihnen gewählten deutschsprachigen Region? Benutzen Sie Ideen aus dem Interview in Aufgabe 3, und machen Sie sich Notizen zu den folgenden Stichpunkten.

- die wichtigsten Aspekte des Tourismus
- die Hauptgründe für einen Besuch der Stadt/Gegend
- die Touristenzahlen in der ersten Hälfte des Jahres
- die Zahl der Besucher aus dem Inland/Ausland
- die Erwartungen für die kommenden Monate
- die wichtigsten Aktivitäten für Touristen

5 ✎ Arbeiten Sie zu zweit. Benutzen Sie Ihre Notizen in Aufgabe 4 um einen mündlichen Vortrag über Tourismus in der von Ihnen gewählten Region zu halten.

Der deutsche Sprachraum im 20. Jahrhundert

In diesem Teil stellt man Ihnen zwei wichtige Aspekte der Geschichte des 20. Jahrhunderts des deutschen Sprachraums vor. Es geht erstens um den Anschluss Österreichs an Deutschland durch Adolf Hitler und zweitens um die Wende, die zum Zusammenbruch der DDR, dem Fall der Berliner Mauer und letztendlich zur Wiedervereinigung Deutschlands führte. Die wichtigsten Ereignisse, sowie ihre Ursachen und Folgen, werden behandelt. Das Material hier dient als Ausgangspunkt für ihre eigenen Recherchen.

Je nach persönlichem Interesse und eigenen Erfahrungen können Sie sich nun einen geschichtlichen Aspekt des deutschen Sprachraums aussuchen. Vielleicht interessieren Sie sich ja für ein bestimmtes Zeitalter, oder es gibt vielleicht ein gewisses Ereignis, das Ihr Interesse geweckt hat. Hauptsache ist, dass Ihr Thema von Bedeutung ist und dass es genügend Material für Ihre Recherchen gibt.

Der Anschluss Österreichs

Propagandaposter für den Anschluss

Am 12. Februar 1938 traf Adolf Hitler den österreichischen Bundeskanzler Kurt von Schuschnigg und diktierte ihm eine Vereinbarung, die das Verbot der österreichischen National-sozialisten aufhob. Sie wurden auch Teil der Regierung.

Weil Schuschnigg eine Machtübernahme durch die Nationalsozialisten verhindern wollte, verkündete er am 9. März 1938 eine Volksabstimmung „Für ein freies und deutsches, unabhängiges und soziales, für ein christliches und einiges Österreich!" Das Wahlalter wurde auf 24 Jahre heraufgesetzt, um die meist pro-nationalsozialistische Jugend von der Abstimmung auszuschließen. Hitler hatte Schuschnigg aber ein Ultimatum zur Rücknahme der Abstimmung gestellt. Wegen dieses Ultimatums trat Schuschnigg am 11. März 1938 zurück.

Am selben Tag weigerte sich der österreichische Bundespräsident Wilhelm Miklas, den national-sozialistischen Arthur Seyß-Inquart zum Nachfolger Schuschniggs zu ernennen. Hitler gab demzufolge den Befehl zum Einmarsch der deutschen Truppen, der am 12. März erfolgte.

Die Wehrmachttruppen stießen auf keinen Widerstand und der „Anschluss Österreichs" wurde vollzogen. Entsprechende Gesetze wurden am 13. März 1938 erlassen und zwei Tage später bejubelten über 100 000 Menschen Hitler in Wien. In einer Volksabstimmung am 10. April, die keinesfalls frei und demokratisch war, stimmten offiziell 99,73% der Österreicher und 99,01% der Deutschen für den „Anschluss".

Seyß-Inquart wurde Reichsstatthalter der Ostmark, wie Österreich nun hieß. Das Terror-Regime der Nationalsozialisten wurde auf Österreich übertragen. Allein zwischen dem 12. und dem 22. März gab es in der Ostmark offiziell 1742 Festnahmen. Sozialdemokraten, Kommunisten und Juden, so zum Beispiel Sigmund Freud, blieb zur Rettung nur die Flucht.

Adolf Hitler in Nürnberg, September 1939

1 Beantworten Sie die folgenden Fragen zum Text auf Deutsch.

i Was zeigt, dass Hitler den österreichischen Bundeskanzler Mitte Februar 1938 unter Druck gesetzt hat?

ii Aus welchem Grund hat Schuschnigg eine Volksabstimmung angekündigt?

iii War das Wahlalter damals 24?

iv Wie und mit welchem Erfolg hat Hitler auf die Volksabstimmung reagiert?

v Warum hat Hitler letztendlich den Befehl zum Einmarsch gegeben?

vi Wie wurden die deutschen Truppen und anschließend auch Hitler empfangen?

vii Was ist am 10. April 1938 passiert?

viii Wie hieß Österreich nach dem Anschluss?

ix Was ist mit den Gegnern des NS-Regimes in Österreich geschehen?

2 Wählen Sie jetzt Ihr eigenes Ereignis aus der Geschichte des 20. Jahrhunderts des deutschen Sprachraums. Schreiben Sie dann einen Bericht (200–250 Wörter) zum folgenden Thema: „Inwiefern hat dieses Ereignis einen wichtigen Beitrag zur Geschichte des 20. Jahrhunderts geleistet?" Berücksichtigen Sie die Themen und Vokabeln im obigen Text und die folgenden Stichpunkte.

- die wichtigsten Ereignisse der Zeit und deren Ursachen und Folgen
- die Protagonisten und ihre Rollen und Einflüsse
- warum dieses Ereignis Ihrer Meinung nach von Bedeutung ist
- wie die Geschichte verlaufen wäre, wenn dieses Ereignis nicht stattgefunden hätte

3 🎧 Hören Sie sich das Interview mit Frau Moller an, die den Anschluss Österreichs miterlebt hat. Lesen Sie dann die folgenden Aussagen. Sind die Aussagen richtig (R), falsch (F) oder nicht angegeben (NA)?

i   Frau Mollers Eltern gingen regelmäßig in die Synagoge.

ii   Die Familie Moller wusste schon vor dem Anschluss, dass das Leben unter dem Nazi-Regime gefährlich sein würde.

iii Frau Moller meint, dass viele Österreicher mit den Ideen der Nazis einverstanden waren.

iv   Das Haus der Familie Moller wurde von Soldaten durchsucht.

v   Frau Mollers Tante fuhr in die Tschechoslowakei.

vi   Frau Moller konnte sich überhaupt nicht vorstellen, wie das Leben weitergehen würde.

vii Nachdem die Familie Moller abgereist war, lebten Freunde in ihrem Haus.

viii Jedes Mal, wenn Frau Moller nach Wien kommt, ist sie sehr traurig.

4 Im Interview hat Frau Moller über einen wichtigen Tag und ihre Reaktion darauf gesprochen. Wählen Sie jetzt einen solchen wichtigen Tag von Ihrem eigenen Zeitalter aus der Geschichte des deutschen Sprachraums und schreiben Sie einen Bericht. Inwiefern war dieser Tag von großer Bedeutung und wie reagierten Sie persönlich darauf? Ziehen Sie die folgenden Stichpunkte in Betracht.

- die Ereignisse an Ihrem gewählten Tag
- die Ursachen und Folgen der Ereignisse
- die Bewertung der Ereignisse
- Beschreibung der wichtigsten Personen
- warum Sie diesen Tag gewählt haben

5 🗣 Bereiten Sie einen Vortrag über jemanden aus dem deutschen Sprachraum vor, der in der heutigen Zeit eine wichtige politische Rolle spielt. Berücksichtigen Sie die folgenden Fragen.

- Aus welchem Grund ist sie/er von großer Bedeutung?
- Inwiefern übt sie/er einen positiven bzw. negativen Einfluss aus?
- Was hat sie/er Konkretes geleistet?
- Inwiefern ist sie/er der Auslöser der Ereignisse des Zeitalters?
- Welche langfristigen Auswirkungen hat sie/er bewirkt und wie?

🔎 Strategie

Convey facts accurately

In order to help you to convey your facts accurately, both orally and on paper, the following words/phrases may be helpful:

Sie/Er hat einen positiven/negativen Beitrag geleistet, weil sie/er …

Die Ursachen sind auf … zurückzuführen.

Sie/Er hat die Geschichte zweifellos langfristig beeinflusst.

Man kann zu der Schlussfolgerung kommen, dass …

Man muss diese Tatsache im Auge behalten.

Wien nach dem Anschluss Österreichs, März 1938

𝑖 Recherchieren Sie!

When you have selected a period of history to study, you will need to decide on a main focus for your research. Certain people will have played a decisive role in the unfolding of the period. You will need to assess their impact on the key issues and events. You will need to draw conclusions as to whether you think their impact was positive or negative. You will also need to be clear as to why you consider this period of history to be so important and worthy of study.

9 November 1989: Der Fall der Mauer

Die Aufregung war enorm. Menschenmengen strömten durch die Straßen Ostberlins. Die Mauer war gefallen und zehntausende DDR-Bürger konnten in dieser Nacht erstmals seit dem Bau der Mauer am 13. August 1961 den Westteil der Stadt ungehindert betreten.

Schild am Checkpoint Charlie

Alle Übergänge zwischen Ost- und Westberlin wurden geöffnet, auch die Grenze der DDR zur Bundesrepublik. Die Nacht zum 9. November 1989 wird kein Bürger der ehemaligen DDR je vergessen.

Am Abend des 9. Novembers hielt Günter Schabowski, Mitglied des Politbüros der SED, in Ostberlin eine Pressekonferenz vor Journalisten aus aller Welt, die vom Fernsehen der DDR live übertragen wurde.

Schabowski holte um 18.53 Uhr einen Zettel aus seiner Tasche, den er von Egon Krenz, dem Nachfolger Erich Honeckers, bekommen hatte. Er las zögernd vor und bestätigte, dass DDR-Bürger ab sofort Privatreisen ins Ausland beantragen dürften.

Schabowski war sich nicht sicher, was er da vorgelesen hatte und wurde sofort mit vielen Fragen konfrontiert: „Gilt das auch für Westberlin?". Er zuckte mit den Schultern und antwortete: „Also, doch, doch", und las dann weiter vor: „Die ständige Ausreise kann über alle Grenzübergangsstellen der DDR zur BRD bzw. zu Westberlin erfolgen." Schabowski wurde gefragt: „Wann tritt das in Kraft?", und er antwortete: „Das tritt nach meiner Kenntnis ... ist das sofort, unverzüglich."

Die DDR-Nachrichtenagentur ADN verbreitete diesen Text um 19.04 Uhr, der dann um 19.30 Uhr von der Aktuellen Kamera im DDR-Fernsehen und um 20.00 Uhr von der Tagesschau mit der Meldung „DDR öffnet Grenze" gesendet wurde.

Schon gegen 20.30 Uhr trafen die ersten DDR-Bürger am Grenzübergang Bornholmer Straße ein, um zu sehen, was nun los war. Der Grenzübergang war aber weiterhin geschlossen. Es kamen immer mehr Menschen zum Grenzübergang und gegen 21.00 Uhr forderte die Menge die Öffnung des Grenzübergangs.

Die Situation spitzte sich zu, die Soldaten hatten noch keinen Befehl zur Öffnung erhalten, doch die Menge rief: „Tor auf! Tor auf!". Um 22.30 Uhr teilte der diensthabende Chef der Grenzübergangsstelle seinem Vorgesetzten mit: „Es ist nicht mehr zu halten. Wir müssen die Grenze aufmachen. Ich stelle die Kontrollen ein und lasse die Leute raus."

Wenig später gaben auch die Offiziere an anderen Übergangsstellen dem Druck der Menschen nach. Um 00.02 Uhr waren alle Grenzübergänge geöffnet und die Teilung der Stadt war vorbei.

Demonstration in Leipzig (9. Oktober 1989)

Ostberliner warten am Checkpoint Charlie (9. November 1989)

1 Lesen Sie den Text. Stellen Sie sich vor, Sie waren am Abend des 9. Novembers 1989 in Ostberlin. Beschreiben Sie die Ereignisse dieses historischen Abends.

- Wo waren Sie?
- Wo war Ihre Familie?
- Wie haben Sie auf die Nachricht der Grenzübergangsöffnungen reagiert?
- Was haben Sie gemacht?
- Was haben andere Familienmitglieder gemacht?
- Wie war die Atmosphäre in der Stadt?

2 Wählen Sie jetzt einen Abschnitt aus der Geschichte des deutschen Sprachraums im 20. Jahrhundert. Schreiben Sie einen Bericht (200–250 Wörter) zu folgendem Thema: „Inwiefern hat die politische Lage Ihres gewählten Zeitabschnitts eine entscheidende Rolle gespielt?" Ziehen Sie die folgenden Fragen in Betracht.

- Wie war das politische Klima?
- Wer waren die hauptverantwortlichen Personen und wie haben sie die Situation beeinflusst?
- Inwiefern hat sich das politische/soziale Klima mit der Zeit verändert?
- Wie hat die Bevölkerung auf die politische Lage reagiert?

Strategie

Describe change

The phrases below may be useful for describing social and political changes. You may find further useful phrases in newspaper reports or historical articles.

Diese Situation führte zu eine gewalttätigen Reaktion.

Die Bevölkerung hat bestimmt eine überwältigende Rolle gespielt.

Mit der Zeit hat sich die Situation verbessert.

Die langfristigen Auswirkungen sind nicht zu unterschätzen.

Man hat (k)eine friedliche Lösung gefunden.

3 🎧 Hören Sie sich das Interview mit Max Hirsch, Teilnehmer an einer Leipziger Montagsdemonstration im Herbst 1989, an. Beantworten Sie die folgenden Fragen auf Deutsch.

i   Wann hat die Demonstration stattgefunden?

ii   Was ist um 18.30 Uhr an diesem Abend passiert?

iii   Was stand auf dem Plakat?

iv   Was wurde gerufen?

v   Wie hat ein junger Mann darauf reagiert?

vi   Was haben die Umstehenden getan?

vii   Was geschah mit dem jungen Mann, nachdem das Plakat wieder hochgehoben wurde?

viii   Von welcher Bedeutung war das Ereignis für Max Hirsch?

4 Wählen Sie jetzt ein Beispiel aus dem von Ihnen gewählten Zeitabschnitt der Geschichte des deutsche Sprachraums, wo die Bevölkerung einen Einfluss ausgeübt hat. Inwiefern war dieser Einfluss von großer Bedeutung und was halten Sie davon? Sie könnten zum Beispiel die Aktionen der „Weißen Rose" im Zweiten Weltkrieg oder die Demonstration gegen den Castor-Transport wählen. Berücksichtigen Sie die folgenden Stichpunkte.

- Auslöser/Gründe der Aktion/Bewegung
- Ausmaß der Unterstützung
- Beschreibung der Ereignisse
- Beschreibung der wichtigsten Personen
- Reaktion der Regierung
- Bewertung der Aktion und deren Erfolg

𝒊 Recherchieren Sie!

You will need to be confident that the period of history which you have selected will provide you with sufficient knowledge to produce an effective response to the questions posed in your examination. The time span doesn't need to be long, since events taking place over a relatively short period of time (for instance, the autumn of 1989) can have a significant long-term impact. Make sure you choose something that you can be enthusiastic, even passionate, about. Not only does your research need to produce material covering the different bullet points set out in the AQA specifications, but you will need to evaluate the information you gather, in order to draw your own conclusions.

5 📝 Bereiten Sie einen Vortrag über die Veränderungen vor, die in dem von Ihnen gewählten Zeitabschnitt der Geschichte des deutschen Sprachraums stattgefunden haben. Ziehen Sie die folgenden Fragen in Betracht.

- Wie war die Situation zu Beginn des Zeitabschnitts?
- Was hat die Veränderungen ausgelöst?
- Wer war für und wer war gegen die Veränderungen?
- Inwiefern kam es in diesem Zeitabschnitt zu Konflikten?
- Wie war die Lage am Ende dieses Zeitabschnitts?
- Wie würden Sie die Veränderungen bewerten?

𝒊 Webquest

Wie kam es am 13. August 1961 zum Bau der Berliner Mauer?

Untersuchen Sie die politischen Ereignisse und Ursachen, die zum Bau der Berliner Mauer geführt haben.

C Schriftsteller aus dem deutschen Sprachraum

In diesem Teil stellt man Ihnen zwei deutschsprachige Schriftsteller vor. Es geht zuerst um die Arbeit von Karin König. Sie befasst sich mit wichtigen aktuellen Themen in der BRD und ihre Romane konzentrieren sich auf die Probleme ausländischer Mitbürger und die Unsicherheiten zur Zeit der Wende. Zweitens geht es um den Autor Bernhard Schlink. Sein Buch „Der Vorleser" war und ist ein Bestseller. Wie viele deutsche Schriftsteller befasst sich Schlink mit der Nazi-Vergangenheit und den Schuldgefühlen, die die Deutschen deswegen heute noch haben.

Je nach Ihren persönlichen Interessen und Erfahrungen könnten Sie dann das Werk eines deutschsprachigen Schriftstellers aussuchen. Vielleicht interessieren Sie sich für ein gewisses Thema oder Zeitalter, oder Sie möchten lieber einen bestimmten Schreibstil erforschen. Wichtig ist, dass Sie zumindest einen Roman oder eine Sammlung von Kurzgeschichten lesen.

Karin König

Karin König wurde 1946 in Düren geboren und lebt heute in Hamburg. Sie schreibt vor allem über die Emigration in Deutschland geborener Türkinnen zurück in die Türkei und über die beruflichen, sozialen und kulturellen Probleme, denen sie dort begegnen. Die Autorin beschreibt, wie schwierig das Leben in der Türkei für Mädchen und Frauen ist, wenn sie in Deutschland aufgewachsen sind, oder lange dort gelebt haben.

1989 erschien „Oya. Fremde Heimat Türkei", geschrieben von König und zwei weiteren Schriftstellern. Das Buch erzählt von der 16-jährigen Türkin Oya, die in Frankfurt aufgewachsen ist, und deren Eltern in ihr türkisches Heimatdorf zurückkehren. Oya ist verzweifelt, weil sie die Türkei nur aus den Ferien kennt und sich in Deutschland zu Hause fühlt. Ihre ganze Welt bricht zusammen und sie weiß nicht, was sie tun soll. Sie muss sich den Traditionen der Türkei völlig anpassen.

Obwohl Oya mit der Schule weitermachen darf, was für sie sehr wichtig ist, hat sie viele Schwierigkeiten. Sie will eine Ausbildung als Krankenschwester machen, aber sie darf nicht.

Der richtige Schock kommt, als die Eltern ankündigen, dass Oya mit Ahmed verlobt wird, dem sie schon seit ihrer Kindheit versprochen ist. Oya versucht mit allen Mitteln, ihre Freiheit wiederzubekommen.

Besonders wegen der Authentizität dieser Geschichte wurde dieses Buch sehr erfolgreich und wird auch oft in Schulen gelesen.

In ihrem 1991 veröffentlichten Buch „Ich fühl mich so fifty-fifty" greift König dieses Thema des „Fremdseins" wieder auf, und zwar im Zusammenhang mit der Wende 1989/90 in Deutschland.

dtv pocket

König, Straube, Taylan
Oya
Roman

---

1 Lesen Sie den Text und beantworten Sie die folgenden Fragen auf Deutsch.

   i   Was macht Karin König heute?

   ii Für welche Gruppe von Menschen engagiert sich Karin König?

   iii Inwiefern ist die beschriebene Migration ungewöhnlich?

   iv In welcher Situation befindet sich Oya in der Türkei?

   v   Aus welchem Grund war das Buch so erfolgreich?

   vi Worum ging es in dem 1991 veröffentlichten Buch?

2 Wählen Sie jetzt eine/n deutschsprachige/n Schriftstellerin/Schriftsteller. Schreiben Sie dann einen Bericht (200–250 Wörter) zum folgenden Thema: „Was hat diese Schriftstellerin/diesen Schriftsteller am meisten beeinflusst und wie werden diese Einflüsse in ihrem/seinem Werk reflektiert?" Berücksichtigen Sie die folgenden Stichpunkte.

- die Hauptthemen ihrer/seiner Arbeit
- ihre/seine persönlichen Erfahrungen, die in ihrem/seinem Werk beschrieben werden
- die Ideen, die sie/ihn inspiriert haben
- warum Sie dieses Buch gewählt haben

3 🎧 Eine Schülerin spricht über den Roman „Ich fühl mich so fifty-fifty". Hören Sie sich das Interview an und beantworten Sie dann die folgenden Fragen auf Deutsch.

i   Wie beurteilt die Schülerin den Titel des Romans?

ii   Worum geht es im Roman?

iii   Mit welchen Problemen wird Sabine konfrontiert?

iv   Warum ist Sabine ebenfalls in den Westen geflohen?

v   Wie reagiert Sabine auf die Vorurteile ihrer Kollegen im Westen?

vi   Inwiefern ist für Sabine das Leben im Westen schwer?

vii   Was lernt der Leser vom Roman?

4 Wählen Sie jetzt ein wichtiges Thema Ihrer Schriftstellerin/Ihres Schriftstellers (zum Beispiel Generationenkonflikt, Liebe oder Umwelt). Inwiefern ist dieses Thema von großer Bedeutung für sie/ihn und was halten Sie davon? Schreiben Sie einen Bericht und berücksichtigen Sie die folgenden Stichpunkte.

- warum das Thema so wichtig für sie/ihn war oder ist
- wie sie/er das Thema verwendet hat
- Einfluss des Themas auf die Protagonisten
- warum Sie dieses Thema für wichtig halten

5 🖊 Bereiten Sie jetzt einen Vortrag über ein wichtiges Kapitel in dem von Ihnen gewählten Roman bzw. über eine Kurzgeschichte der Sammlung Ihrer Wahl vor. Ziehen Sie die folgenden Fragen in Betracht.

- Was passiert in diesem Kapitel/dieser Geschichte?
- Aus welchem Grund finden Sie dieses Kapitel/diese Geschichte von zentraler Bedeutung?
- Inwiefern ist dieses Kapitel/diese Geschichte typisch für das Werk der Schriftstellerin/des Schriftstellers?
- Wie bewerten Sie das Kapitel/die Geschichte? Erwähnen Sie auch ein paar Zitate!

↻ **Strategie**

Analyse a work of literature

Use the following checklist when talking or writing about a book. Don't forget, the last one is very important!

1   Schriftsteller, Titel, Erscheinungsdatum

2   Zusammenfassung der Geschichte

3   Die Rolle des Erzählers

4   Struktur

5   Themen

6   Ihre Meinung und Bewertung

ℹ **Recherchieren Sie!**

When reading a novel or story, you will need to do so analytically. While it is important to acquire thorough knowledge of the plot, it is essential that you analyse the work. Selecting themes, ideas and messages as a starting point and using examples from the text to back up and justify your points will help to prevent you from falling into the trap of excessive story-telling and over-description. A good rule of thumb would be: make a point, exemplify it and then explain or justify why the point is of significance.

„Der Vorleser" von Bernhard Schlink

Bernhard Schlink

Obwohl Bernhard Schlink durch „Der Vorleser" und seine Kriminalromane als Schriftsteller erfolgreich wurde, sieht er sich eher als Wissenschaftler und Professor der Rechtswissenschaft. So ist das Schreiben für ihn nur ein kleiner Urlaub vom Unterrichten.

Schlink schreibt nur nach tiefem Nachdenken. Er lebt in seinen Geschichten und fantasiert sehr gern. Aber er schreibt erst, wenn seine Ideen schon weit entwickelt sind.

Schlinks Schreibprozess unterscheidet sich sehr von dem anderer moderner „Bestseller"-Autoren. Er schreibt noch von Hand und zwar mit dem Füllfederhalter. Seiner Meinung nach behindert der Computer den Schreibprozess. Irgendwann diktiert er seine Geschichten auf Band, denn er findet, dass der Prozess des „laut Vorlesens" wichtig ist.

Nach großem Erfolg als Schriftsteller von Kriminalromanen, versuchte Schlink einen neuen Stil. Er nahm sich ein Thema vor, das ihn in seiner Arbeit als Rechtsanwalt lange wissenschaftlich beschäftigt hatte – die Schuld. Sein Roman dreht sich um dieses Thema und was er schuf, wurde zu einem Phänomen seiner Generation.

Schlink interessiert sich sehr für die Aufnahme seines Buchs in verschiedenen Ländern. Er dachte, dass die Menschen im Ausland das Buch vielleicht missverstehen würden, weil sie sich mit dem Thema deutscher Schuld nicht identifizieren könnten. Doch Leser überall auf der Welt verstehen die spannende Geschichte und können die Liebesbeziehung und die Probleme der Hauptfiguren nachvollziehen. Jedem Leser wird im Laufe des Buchs außerdem klar, warum der Autor den Titel „Der Vorleser" gewählt hat.

1 Verbinden Sie die zwei Satzhälften, damit sie mit dem Sinn des Textes übereinstimmen!

i	Schlink sieht das Schreiben …	a	… wegen der Nazi-Zeit schuldig.
ii	Der Autor findet …	b	… technische Hilfsmittel nicht immer hilfreich.
iii	Er macht Tonbandaufnahmen …		
iv	Schlink beginnt erst mit dem Schreiben …	c	… wird im Laufe des Romans klar.
		d	… als Erholung von seinem Berufsleben.
v	Die Kriminalromane wurden …		
vi	Viele Deutsche fühlen sich noch heute …	e	… von seinen Manuskripten.
		f	… in einem ganz anderen Stil verfasst.
vii	Der Autor war sich nicht sicher …		
viii	Die Bedeutung des Titels …	g	… wenn er sich die Handlung ganz genau überlegt hat.
		h	… ob das Thema im Ausland verstanden würde.

2 Wählen Sie jetzt eine/einen deutschsprachige/n Schriftstellerin/Schriftsteller. Schreiben Sie dann einen Bericht (200–250 Wörter) zum folgenden Thema: „Welchen Schreibstil benutzt sie/er und wie wichtig ist der Stil für den Erfolg ihrer/seines Werk/s?" Berücksichtigen Sie die folgenden Stichpunkte.

- eine Beschreibung des Schreibstils
- Beispiele für den Stil
- warum der Stil wirkungsvoll ist
- wie der Stil zum Erfolg des Werks beiträgt

3 🎧 Hören Sie sich das Interview mit Herrn Doktor Hans Pagel an. Beantworten Sie die folgenden Fragen auf Deutsch.

   i   Was zeigt, dass „Der Vorleser" international erfolgreich ist?

   ii   Wie beschreibt Herr Doktor Pagel Schlinks Schreibstil?

   iii Warum meint Pagel, dass Schlinks Roman so erfolgreich ist?

   iv Wie erklärt Pagel die Schuld von Hanna Schmitz?

   v   Woran war Hanna im Konzentrationslager schuld?

   vi Wie beurteilt Pagel Hanna am Ende des Romans?

   vii Wie beurteilt Michael Hanna?

  viii Was sagt Pagel über Michael am Ende des Romans?

4 Im Interview über „Der Vorleser" hat Herr Doktor Pagel zwei Hauptpersonen des Romans erwähnt. Wählen Sie jetzt eine Hauptperson von Ihrem Roman/Ihren Kurzgeschichten. Inwiefern ist diese Person von zentraler Bedeutung? Was halten Sie von dieser Person? Ziehen Sie die folgenden Stichpunkte in Betracht.

- eine Beschreibung der Person (Aussehen, Charakter)
- die Rolle und der Einfluss der Person
- die Beziehung der Personen untereinander
- eine Einschätzung der Person
- warum Sie diese Person wichtig/interessant finden

5 Arbeiten Sie mit einem Partner/einer Partnerin. Sie/Er wird von einem Roman berichten, den sie/er gelesen hat. Stellen Sie ihr/ihm die folgenden Fragen.

   i   Haben Sie sich in den Roman gut einlesen können? Warum/ Warum nicht?

   ii   Was sind die zentralen Themen des Romans?

   iii Wie haben Sie den Schreibstil gefunden?

   iv Wie würden Sie den Aufbau des Romans beurteilen?

   v   Was hat Ihrer Meinung nach den Schriftsteller beeinflusst?

   vi Wie haben Sie gefühlsmäßig auf den Roman reagiert?

dtv pocket

Hans Peter Richter
Damals war es Friedrich

D Das Werk eines Dramatikers aus dem deutschen Sprachraum

In diesem Teil stellt man Ihnen zwei deutschsprachige Dramatiker vor. Es geht zuerst um Bertolt Brecht, einen der bekanntesten deutschen Dramatiker und Dichter des 20. Jahrhunderts. Im zweiten Teil handelt es sich um einen Schweizer Dramatiker, Friedrich Dürrenmatt. Die Themen und Ideen dieser Dramatiker sowie ihre dramatische Technik werden behandelt.

Je nach Ihren persönlichen Interessen und Erfahrungen könnten Sie dann das Werk eines anderen deutschsprachigen Dramatikers oder Dichters wählen. Sie könnten die Gedichte von Goethe, Schiller, Heinrich Heine oder Erich Kästner lesen, oder ein Theaterstück von Gerhart Hauptmann oder Arthur Schnitzler recherchieren. Vielleicht interessieren Sie sich eher für ein bestimmtes Thema oder Zeitalter. Wichtig ist aber, dass Sie wenigstens ein Theaterstück oder eine Sammlung von Gedichten lesen.

Bertolt Brecht

Bertolt Brecht, 1930

Bertolt Brecht wurde am 10. Februar 1898 in Augsburg als ältester von zwei Söhnen von Berthold Brecht und dessen Frau Sophie geboren.

Am 1. Oktober 1918 musste er sein Universitätsstudium unterbrechen und wurde als Sanitätssoldat in einem Krankenhaus der Armee eingesetzt. Das Leid, das er dort sah, machte den Zwanzigjährigen zum überzeugten Pazifisten.

Er hatte sich schon immer für das Schreiben interessiert und nach dem Krieg setzte Brecht seine Arbeit als Autor fort. Das Theaterstück „Baal" wurde am 8. Dezember 1923 in Leipzig uraufgeführt. Gleich darauf verbot der Oberbürgermeister aber das anarchische, expressionistische Stück.

1924 zog Bertolt Brecht nach Berlin und hier schuf er zusammen mit dem Komponisten Kurt Weill „Die Dreigroschenoper". Diese neue Form des Musiktheaters wurde zu einem der größten Erfolge der Zwanziger Jahre.

Bertolt Brecht begann sehr ernsthaft, den Marxismus zu studieren, und seine Einstellung zur kapitalistischen Gesellschaft wurde immer kritischer. Immer stärker beeinflussten diese politischen Ideen seine Arbeit im Theater und er entwickelte den Verfremdungseffekt. Es war Brechts Ziel, das Publikum zum kritischen Denken zu bringen. Die Zuschauer sollten nicht emotional auf ein Stück reagieren, sondern die politischen und sozialen Aspekte der Handlung analysieren.

Unter dem Nazi-Regime konnte Bertolt Brecht mit seinen sozialistischen Ideen nicht mehr arbeiten. Einen Tag nach dem Reichstagsbrand, am 28. Februar 1933, emigrierte er mit seiner Frau, der Schauspielerin Helene Weigel, und ihren beiden Kindern in die Schweiz, im Herbst nach Paris und dann nach Skandinavien. Bertolt Brecht ließ sich schließlich 1941 in Kalifornien nieder.

Nach dem Ende des Zweiten Weltkriegs wollte Bertolt Brecht eigentlich in der Bundesrepublik Deutschland leben. Die westlichen Alliierten verweigerten ihm aber die Einreise und er ließ sich in Ostberlin nieder. Dort gründete er mit Helene Weigel das Berliner Ensemble, das noch heute besteht.

Am 14. August 1956, im Alter von 58 Jahren, starb Bertolt Brecht in Berlin an einem Herzinfarkt.

Die Schauspielerin Helene Weigel als „Mutter Courage", 1956

1 Lesen Sie den Text, recherchieren Sie weiter und beschreiben Sie dann in Ihren eigenen Worten den Lebenslauf von Bertolt Brecht. Berücksichtigen Sie die folgenden Stichpunkte.

- Kindheit und Jugend
- die zwanziger Jahre
- der Zweite Weltkrieg
- die Nachkriegszeit

2 Finden Sie Informationen über eines der folgenden Theaterstücke Bertolt Brechts: „Der gute Mensch von Sezuan", „Der Kaukasische Kreidekreis" oder „Das Leben des Galilei". Schreiben Sie dann einen Bericht (200–250 Wörter) und bedenken Sie die folgenden Fragen.

- Wann hat Bertolt Brecht das Stück geschrieben?
- Was hat ihn dazu bewögen?
- Wo und wann wurde es uraufgeführt?
- Wie reagierte das Publikum darauf?
- Was sind die Hauptthemen?
- Ist das Stück in andere Sprachen übersetzt worden?
- Was halten Sie von diesem Werk?

3 🎧 Hören Sie sich das Interview mit Herrn Anders an. Beantworten Sie dann die folgenden Fragen auf Deutsch.

i   In welchem Jahr hat Herr Anders Bertolt Brecht kennen gelernt?

ii   Warum hat Herr Anders Brecht aufgesucht?

iii Aus welchem Grund war es damals fast unmöglich, Bücher von Brecht zu bekommen?

iv   Was hat Brecht in einigen seiner frühen Gedichte besungen?

v   Was bemerkt man oft in Brechts Werken?

vi   Wie erklärt Herr Anders Brechts positive Einstellung zur Sowjetunion?

vii Wo kommt diese Einstellung oft zum Ausdruck?

4 Wählen Sie ein deutschsprachiges Gedicht und analysieren Sie es. Machen Sie sich Notizen zu den folgenden Aspekten des Gedichts.

- Kontext
- Thema
- die Art von Gedicht
- Charakterisierung
- Stimmung
- Vergleiche und Metaphern
- Wirkung des Gedichts Ihrer Meinung nach

5 Arbeiten Sie zu zweit. Besprechen Sie die Gedichte, die Sie gewählt haben. Stellen Sie sich die folgenden Fragen.

i   Können sie Ihr gewähltes Gedicht in einen Kontext setzen?

ii   Was wissen Sie über den Dichter?

iii Worum handelt es sich in dem von Ihnen gewählten Gedicht?

iv   Welche Technik benutzt der Dichter?

v   Was halten Sie von dem Gedicht?

🔄 Strategie

Use specific adjectives to give personal responses

Extending your vocabulary to enrich the description of your personal reactions to works of art will ensure that you do not repeat over-used words like *gut* or *schlecht*.

Positive adjectives: angemessen, angenehm, ausgezeichnet, beispielhaft, bemerkenswert, einfach, ernst, gerecht, geschickt, interessant, lustig, rührend, schön, einfühlsam, überzeugend, wahr

Negative adjectives: erbärmlich, furchtbar, grauenhaft, idiotisch, katastrophal, lächerlich, minderwertig, peinlich, scheußlich, unerträglich, übertrieben, unfähig, ungenügend, verheerend

𝑖 Recherchieren Sie!

Many classic and contemporary dramas and poems are available through the services of the library of the Goethe Institute in London, Manchester and Glasgow. Additionally, you may be able to borrow, from the same source, audio tapes or DVD's of a variety of plays. You simply need to type in the web address: www.goethe.de and follow the leads through Goethe Institute, London/Glasgow to Bibliothek and then search for material on your chosen playwright or poet. You need to be a member, but your school may have an annual subscription.

Szene aus der „Dreigroschenoper", Paris 1937

Friedrich Dürrenmatt

Friedrich Dürrenmatt, 1981

Friedrich Dürrenmatt wurde am 5. Januar 1921 als Sohn eines protestantischen Pfarrers im Kanton Bern in der Schweiz geboren. Sein literarisches Talent hat er vermutlich von seinem Großvater, der in satirischen Gedichten soziale Missstände kritisierte und sogar dafür ins Gefängnis musste.

Nachdem er 1941 sein Abitur nur mit sehr mäßigem Erfolg abgelegt hatte, begann Dürrenmatt Germanistik und Philosophie zu studieren. Er brach dieses Studium allerdings nach zehn Semestern ab, um sich dem Schreiben zu widmen.

Seine ersten Werke wurden vom Zweiten Weltkrieg geprägt. Sie wirkten sehr makaber und absurd. Ein Beispiel dafür ist die Geschichte „Die Wurst", die er mit dem Satz beginnt: „Ein Mensch erschlug seine Frau und verwurstete sie ... ."

Dürrenmatt ließ nicht jeden Roman glücklich enden. So wird in dem Kriminalroman „Der Verdacht" der Mörder nicht gefasst und der Kommissar verbringt den Rest seines Lebens mit der Suche nach ihm.

Nachdem er mehrere Kriminalromane geschrieben hatte, wandte er sich mehr der Komödie zu. Er sagte einmal, dies sei die einzig mögliche dramatische Form, um etwas über das Tragische im Leben auszusagen. Er behandelte vor allem gesellschaftspolitische Probleme. Seine wichtigsten Werke dieser Zeit waren „Der Besuch der alten Dame" aus dem Jahre 1956 und „Die Physiker" aus dem Jahre 1962, in dem es um die Frage nach der Verantwortung der Wissenschaftler für ihre Entwicklungen und Forschungsergebnisse ging.

Dürrenmatt wollte, dass der Zuschauer oder Leser Fragen an sich selbst, an seine Moral stellt. Dies versuchte er durch sinnvolle Übertreibungen und starke Kontraste zwischen den einzelnen Protagonisten. Dürrenmatt vertrat die Auffassung: „Eine Geschichte ist dann zu Ende gedacht, wenn sie ihre schlimmstmögliche Wendung genommen hat."

Obwohl Friedrich Dürrenmatt sein gesamtes Leben in der Schweiz verbrachte, kritisierte er sein Land immer wieder. Er engagierte sich auch stark für internationale Politik und nahm 1987 an der von Gorbatschow einberufenen Friedenskonferenz in Moskau teil. Er starb am 14. Dezember 1990 im Alter von 69 Jahren in Neuenburg.

1 Beantworten Sie die folgenden Fragen auf Deutsch.

i   Was erfährt man über Dürrenmatts Großvater?

ii   Was hat Dürrenmatt nach dem Abitur gemacht?

iii Welchen Einfluss hatte der Zweite Weltkrieg auf Dürrenmatts frühe Werke?

iv   Inwiefern folgte Dürrenmatts Kriminalroman „Der Verdacht" nicht schriftstellerischen Traditionen?

v   Wofür interessierte sich Dürrenmatt in seinen Komödien?

vi   Mit welchem Thema hat sich Dürrenmatt in „Die Physiker" befasst?

vii Welches Ziel verfolgte Dürrenmatt in Bezug auf seine Zuschauer bzw. Leser?

viii Was zeigt, dass Dürrenmatt politisch engagiert war?

Szene aus „The Pledge" (Das Versprechen), 2001 verfilmt

2 Recherchieren Sie eines der folgenden Theaterstücke von Friedrich Dürrenmatt: „Romulus der Große", „Der Besuch der alten Dame" oder „Die Physiker". Schreiben Sie dann einen Bericht (200–250 Wörter). Was ist das Hauptziel des Stücks? Inwiefern erreicht Dürrenmatt dieses Ziel? Berücksichtigen Sie die folgenden Fragen.

- Wann wurde das Stück geschrieben?
- Worum handelt es sich?
- Was waren die Hauptthemen des Stücks?
- Was waren Dürrenmatts Hauptziele?
- Inwiefern waren die Hauptfiguren für diese Ziele wichtig?
- Inwieweit hat Dürrenmatt seine Ziele erreicht?

3 🎧 Hören Sie sich die Reportage über Claire Zachanassian in „Der Besuch der alten Dame" an. Lesen Sie dann die folgenden Aussagen. Sind die Aussagen richtig (R), falsch (F) oder nicht angegeben (NA)?

i   Claire Zachanassian kam unverletzt vom Flugzeugabsturz davon.

ii   Ihr erster Mann hat Claire viel Geld hinterlassen.

iii   Claire hat sechs Monate nach dem Tod ihres ersten Mannes wieder geheiratet.

iv   Claire war im Leben sehr glücklich.

v   Claire kam ursprünglich aus einer wohlhabenden Stadt.

vi   Claire liebte Alfred Ill, als die beiden jung waren.

vii   Claire wurde mit sechzehn Jahren schwanger.

viii Alfred Ill hat den Vaterschaftsprozess verloren.

ix   Claire brachte ein Mädchen zur Welt.

x   Claire forderte den Tod von Alfred Ill.

4 Wählen Sie ein deutschsprachiges Theaterstück, das sie gelesen bzw. gesehen haben. Analysieren Sie schriftlich die Rolle und den Einfluss der Hauptfigur des Stücks. Ziehen Sie die folgenden Punkte in Betracht.

- eine Beschreibung der Hauptfigur
- ihr/sein Charakter
- ihre/seine wichtigsten Handlungen
- die Auswirkungen dieser Handlungen auf andere Personen im Stück
- Ihre persönliche Meinung

5 Arbeiten Sie mit einer Partnerin/einem Partner. Stellen Sie sich die folgenden Fragen zu einem Theaterstück, das sie gelesen bzw. gesehen haben.

- Was für ein Stück ist es?
- Worum handelt es sich?
- Was sind die Hauptthemen des Stücks?
- Was will der Dramatiker in seinem Stück sagen?
- Wie finden Sie den Ausgang des Stücks?
- Gefällt Ihnen das Stück?

🔧 Strategie

Describe the work of a playwright

When you are assessing the work of a playwright, the following points should be considered:

▪ Hintergrund

▪ Themen

▪ Handlung

▪ Sprache/Sprachstil

▪ Personen

▪ Ausgang

When you are discussing a performance of a play, you might mention the following:

▪ Kostüme und Bühnenbild

▪ Inszenierung

▪ Musik

▪ wie die Schauspieler ihre Rollen interpretieren

▪ Können der Schauspieler

▪ Beleuchtung

𝑖 Recherchieren Sie!

The German-speaking world offers a wide range of playwrights and poets to choose from in addition to those mentioned here. You may wish to concentrate on the 19th century and consider playwrights such as Gerhart Hauptmann, Heinrich von Kleist, Georg Büchner or Johann Wolfgang von Goethe. Alternatively, you may prefer to concentrate on the 20th century and read works by Carl Zuckmayer, Wolfgang Borchert or Ulrich Plenzdorf. You may be interested in a particular theme and playwrights such as Borchert would offer a view on war and its aftermath, whereas Plenzdorf would permit an insight into life in East Germany. German-speaking poets of the 19th century include Josef Freiherr von Eichendorff, Rainer Maria Rilke and of course Goethe. Hermann Hesse wrote mainly in the first half of the 20th century whilst Peter Huchel was active as a contentious poet in East Germany and Ingeborg Bachmann is one of a number of female 20th century poets.

𝑖 Webquest

Kunst und die Trennung des Landes, 1949–1989

🔧 Recherchieren Sie die folgende Frage und geben Sie einen Vortrag: „Wie beschreiben deutsche Dramatiker die Trennung des Landes von 1949 bis 1989?"

*Szene aus „Der Besuch der alten Dame",
1964 verfilmt*

Das Werk eines Künstlers (Filmdirektor, Architekt, Musiker oder Maler) aus dem deutschen Sprachraum

In diesem Teil wird Ihnen die Arbeit eines Filmregisseurs und eines Architekten vorgestellt. Es gibt eine große Auswahl an deutschsprachigen Filmen, die aktuelle Themen behandeln. Im Bereich der Architektur wurde in den deutschsprachigen Ländern viel Pionierarbeit geleistet. Natürlich gibt es im deutschen Sprachraum auch eine Fülle von Künstlern im Bereich der Musik und der Malerei. Was die Musik betrifft, so könnten Sie einen der weltbekannten klassischen Komponisten wählen. Andererseits gibt es natürlich auch viele moderne Musiker und Popgruppen, die Ihnen vielleicht gefallen. Sollten Sie sich eher für bildende Kunst interessieren, so haben Sie hier eine große Auswahl an Werken einer Reihe von Malern aus verschiedenen Stilrichtungen und Epochen.

Rainer Werner Fassbinder

Er wurde 1945 geboren und starb 1982 mit nur 37 Jahren. Und doch hat Rainer Werner Fassbinder mehr als 40 Filme gedreht, Theaterstücke geschrieben und inszeniert, sowie Fernseh- und Radioprogramme produziert. Manchmal war er der Regisseur und trat gleichzeitig als Schauspieler in seinem eigenen Film auf.

Rainer Werner Fassbinder verließ die Schule mit sechzehn, machte eine zweijährige Schauspielausbildung und begann, im experimentellen Theater zu arbeiten. Er hatte sich schon immer für das Filmemachen interessiert und 1969 drehte er den Krimi „Liebe ist

kälter als der Tod". Seine Arbeit mit der Gruppe „Antitheater" ging weiter und gleichzeitig schuf er zahlreiche andere Filme. Hanna Schygulla, die er an der Schauspielschule kennengelernt hatte, spielte eine wichtige Rolle in seiner künstlerischen Arbeit und spielte in vielen seiner Filme die Hauptrolle.

Fassbinder war experimentierfreudig und lernte immer mehr über die Filmkunst. Schöne Landschaften sieht man in seinen Filmen selten. Er interessierte sich eher für das städtische Leben und viele Szenen wurden oft in Innenräumen gedreht.

Nach 1971, von Hollywood beeinflusst, nahm er größere und kommerziellere

Filmprojekte in Angriff, die beim Publikum beliebter waren und den Namen Fassbinder international bekannt machten. Auf den Filmfestspielen in Cannes erhielt er 1974 einen Preis für „Angst essen Seele auf". Vier Jahre später erschien „Despair", Fassbinders erster Film in englischer Sprache, mit Dirk Bogarde in der Hauptrolle. 1982, im Jahr in dem er starb, gewann „Die Sehnsucht der Veronika Voss" auf der Berlinale den Goldenen Bären.

Was immer Rainer Werner Fassbinder las, sah oder hörte, wollte er in einen Film umwandeln. So konnte er in seinem kurzen Leben ein riesiges Werk schaffen.

1 Lesen Sie den Text. Lesen Sie dann die folgenden Aussagen. Sind die Aussagen richtig (R), falsch (F) oder nicht angegeben (NA)?

i Rainer Werner Fassbinder hat nur als Regisseur gearbeitet.

ii Rainer Werner Fassbinder war ein sehr begabter Schüler.

iii Der erste Film, den Fassbinder drehte, war ein Krimi.

iv Hanna Schygulla hat die Arbeit von Fassbinder stark beeinflusst.

v Es gab viele schöne Landschaften in Fassbinders Filmen.

vi Rainer Werner Fassbinder lebte jahrelang in Hollywood.

vii Seine kommerziellen Projekte machten Fassbinder weltweit berühmt.

viii Rainer Werner Fassbinder drehte keinen Film in englischer Sprache.

Rainer Werner Fassbinder, 1974

2 Recherchieren Sie einen der folgenden Filme von Rainer Werner Fassbinder: „Angst essen Seele auf", „Die Ehe der Maria Braun", „Lili Marleen" oder „Lola". Schreiben Sie dann einen Bericht (200–250 Wörter) über den Film. Ihr Bericht sollte Antworten zu den folgenden Fragen enthalten.

- Wann wurde der Film gedreht?
- Welche Schauspieler hatten wichtige Rollen?
- Wer sind die Hauptpersonen des Films?
- Wo spielt der Film?
- Was sind die zentralen Themen?
- Wie war die Reaktion der Kritiker?
- Was ist Ihre persönliche Meinung zum Film?

3 🎧 Hören sie sich das Gespräch mit drei Filmkritikern an. Lesen Sie dann die folgenden Sätze. Wer sagt das? Schreiben Sie für jeden Satz entweder Udo Keller, Sabine Martens oder Hans Blumer.

i Rainer Werner Fassbinder drehte auch subjektive Filme.

ii Manche Deutsche mochten Fassbinders Filme nicht, weil er die BRD kritisierte.

iii Fassbinders bester Film war „Berlin Alexanderplatz".

iv Fassbinder hatte eine unvorstellbare Energie.

v Fassbinders persönliche Probleme wurden manchmal in seinen Filmen widergespiegelt.

vi In den 60er und 70er Jahren war Fassbinder eine bedeutende Figur der deutschen Filmindustrie.

vii Fassbinders Filme waren im Ausland oft beliebter als in Deutschland.

viii Fassbinder hat sich seine ganze Technik selbst beigebracht.

ix Fassbinder befasst sich mit Aspekten der deutschen Vergangenheit.

x Fassbinder wollte seinen Zuschauern das richtige Leben zeigen.

4 Wählen Sie einen weiteren deutschsprachigen Filmregisseur und bereiten Sie einen Aufsatz über seine Arbeit vor. Berücksichtigen Sie die folgenden Stichpunkte.

- wichtige Daten zur Person
- Einflüsse (andere Regisseure, Filme, Künstler, politische Ereignisse, persönliche Erfahrungen)
- Titel der bekanntesten Filme
- Stil der Filme (politische Filme, Krimis, usw.)
- Themen (z. B. deutsche Geschichte)
- Reaktionen der Kritiker
- Gründe für die Wahl dieses Regisseurs
- Ihre persönliche Meinung

5 Arbeiten Sie zu zweit. Stellen Sie sich die folgenden Fragen über einen Film, den Sie gesehen haben.

- Wer hat diesen Film gedreht?
- Worum handelte es sich im Film?
- Welches Ziel hatte der Regisseur?
- Was waren die wichtigsten Themen?
- Was für einen Eindruck haben die Hauptdarsteller auf Sie gemacht?
- Was hielten Sie von dem Film?

Strategie

Watch films in German

1 Don't panic if the language is hard to understand. You will be encountering many different accents and forms of expression. It will get easier the longer you watch.

2 Use subtitles to begin with, if you need to. When watching with subtitles, you may sometimes notice translations are not exact. The same is often true of film titles. Why do you think that is? Do you think English-speaking audiences are deliberately being given a different slant? If so, why?

𝑖 Recherchieren Sie!

Whether you choose to write about the work of a director, architect, musician or painter, remember that you will need to study at least one work of the artist and give a critical evaluation. It is important to plan your written work carefully. It must have an appropriate structure which means it must be written in paragraphs and contain an introduction and a conclusion. The introduction should set out how you intend to respond to the task set. Each subsequent paragraph should make at least one pertinent point which you should also explain, exemplify and evaluate. The conclusion need not be long – it should provide an answer to the question and round off your piece of writing.

Szene aus Fassbinders „Lili Marleen", 1981

Otto Wagner
Pionier der modernen Architektur

Otto Wagners Kirche am Steinhof, Wien

Zu Beginn seiner Karriere als Architekt war Otto Wagner noch vom Stil der historischen Bauten Wiens beeinflusst. Es gab jedoch schon viele technische und konstruktive Modernisierungen in seinen Entwürfen. Einige Jahre lang war Otto Wagner Mitglied der „Secession", einer Gruppe von Wiener Künstlern, die Traditionelles ablehnten und Neues schaffen wollten. Auch der berühmte Maler Gustav Klimt gehörte der „Secession" an. Etwa zu dieser Zeit entwarf Otto Wagner Gebäude im Jugendstil. Das „Majolikahaus" an der Wienzeile, zum Beispiel, ist mit bunten Pflanzen- und Blumenmotiven verziert und hat goldbemalte Balkons. Auch viele Stationen der neuen Wiener Stadtbahn, die Otto Wagner zwischen 1894 und 1900 entwarf, sind im dekorativen Jugendstil gehalten. Zum ersten Mal sieht man jedoch technische Elemente wie zum Beispiel Stahlträger, die so in die künstlerische Arbeit einbezogen werden.

Im Jahr 1894 wurde Otto Wagner Professor an der Wiener Akademie der Bildenden Künste. Bald danach erschien das Buch „Moderne Architektur", in dem seine für diese Zeit radikalen Ideen beschrieben werden.

Otto Wagner war ganz und gar gegen jegliche Art von Imitation eines historischen Stils. Er fand, dass die Funktion, das Material und die Struktur eines Gebäudes die Basis für die Arbeit des Architekten bilden sollten.

Seine modernen Ideen setzte Otto Wagner mit dem Bau der Österreichischen Postsparkasse in die Wirklichkeit um. Wer heute am Georg-Coch-Platz in Wien steht ahnt kaum, wie revolutionär dieses Gebäude wirkte, als es 1906 eröffnet wurde. Viele halten es für Otto Wagners Meisterwerk. Der Entwurf ist klar und einfach. Ganz neu waren die Stahlkonstruktion und die geometrische Fassade aus Marmor- und Granitplatten. Die Innenräume, bis heute noch in ihrer ursprünglichen Form, wirken immer noch modern und funktionell. Otto Wagner entwarf auch sämtliche Möbel für die Bank, vom Sessel des Direktors bis zum Safe, dem Teppich in den Büros und den Uhren an der Wand.

Otto Wagner (1841–1918) war einer der wichtigsten Architekten seiner Zeit und wird oft als der Begründer der modernen Architektur gesehen.

Österreichische Postsparkasse, Wien

1 Lesen Sie den Text. Verbessern Sie dann die folgenden Sätze.

i Es gab keine Modernisierungen in Wagners Entwürfen.

ii Die „Secession-Gruppe" befürwortete traditionelle Architektur.

iii Das Majolikahaus blieb unverziert.

iv Wagner entwarf in einem einzigen Jahr viele Stationen der neuen Wiener Stadtbahn.

v Wagner beschrieb in seinem Buch „Moderne Architektur" die radikalen Ideen anderer Architekten.

vi Die Österreichische Postsparkasse wird oft als Wagners erstes Werk betrachtet.

vii Die Innenräume der Österreichischen Postsparkasse wurden zerstört.

viii Otto Wagner kaufte Möbelstücke für die Österreichische Postsparkasse.

2 Recherchieren Sie das Werk einer/eines weiteren deutschsprachigen Architektin/Architekten. Schreiben Sie dann einen Bericht (200–250 Wörter), in dem Sie Beispiele ihrer/seiner Arbeit beschreiben und sie bewerten. Geben Sie Ihre persönliche Meinung zum Werk und sagen Sie, was Ihnen an ihrer/seiner Arbeit (nicht) gefällt.

3 🎧 Hören Sie sich den Bericht über die Wiener Architektur an. Was passt zusammen? Welches Gebäude gehört zu welchem Stil?

i	Gotik	a	das Hundertwasserhaus
ii	Barock	b	die Wiener Staatsoper
iii	Ringstraßenstil	c	die Restaurierung der alten Gasometer Türme
iv	Jugendstil (Art Nouveau)	d	die Österreichische Postsparkasse
v	funktionelle Architektur	e	die Secession
vi	die Wiener Moderne	f	das Looshaus
vii	unkonventionelle Architektur der 60er und 70er Jahre	g	der Stefansdom
viii	moderne Wiener Architektur	h	Schloss Schönbrunn

4 Halten Sie einen Powerpoint-Vortrag über zwei der Architekturstile, die im Bericht über Wien in Aufgabe 3 erwähnt wurden. Ziehen Sie die folgenden Stichpunkte in Betracht.

- wichtige Daten
- führende Architekten der Stilrichtungen
- Beispiele für die Stile (müssen nicht auf Wien beschränkt sein)
- ein Vergleich der beiden Stile
- die Auswirkung auf die Architektur Ihrer Zeit
- Ihre persönliche Meinung zu den Stilen

5 🖊 Wählen Sie einen deutschsprachigen Maler und bereiten Sie einen mündlichen Vortrag über sein Leben und seine Arbeit vor. Berücksichtigen Sie die folgenden Stichpunkte.

- wie und wo die Malerin/der Maler ihre/seine Ausbildung gemacht hat
- was sie/ihn inspiriert und beeinflusst hat
- der Stil und typische Motive der Werke
- Erfolge (z.B. große Ausstellungen, Auszeichnungen)
- Beispiele für ihre/seine Arbeit mit Beschreibung eines Kunstwerks
- Ihre Meinung zum Werk dieser Malerin/dieses Malers

„Wintertag kurz vor Mittag" von Paul Klee, 1922

🧭 Strategie

Respond to a work of art

When analysing a work of art certain points should be considered, in order to ensure that you provide a detailed and structured response. Use the following prompts.

1 Mein erster Eindruck – was mir sofort auffällt

2 Interpretation – welche Bedeutung diese Merkmale haben können

3 Kontext – was ich über das Werk weiß – kultureller Hintergrund

4 Beschreibung der verschiedenen Elemente des Werks

5 Meinung der Kritiker

6 Meine persönliche Meinung

🔎 Recherchieren Sie!

Germany has a long artistic heritage that most recently flourished in the 1920s and 30s. During this time, Germany was an artistic leader, with avant-garde artists inspiring revolutionary movements which became the foundation for modern art.

The *Bauhaus*, founded in 1919, was a highly innovative school of art, craft and design from which many internationally famous artists emerged. You can see the work of painters like Paul Klee in museums in any major city; buildings by Ludwig Mies van der Rohe can be found in many American and European cities and furniture designed by him is still sold today. The Bauhaus was forced to close in 1933, but there is a museum and archive dedicated to its work in Berlin.

Other notable movements include *Die Brücke*, *Der Blaue Reiter* and *Dada*, which emerged during the expressionist period of the early 1900s. You may wish to consider the works of artists such as Ernst Ludwig Kirchner, Hannah Höch or Kurt Schwitters.

🔎 Webquest

Das Bauhaus

Welche Rolle spielte das Bauhaus in der Entwicklung der modernen Kunst?

Grammatik

1 Nouns and articles

2 Adjectives and adverbs

3 Pronouns

4 Verbs

5 Negative forms

6 Interrogative forms

7 Prepositions

8 Clause structures

9 Subordinate clauses and conjunctions

10 Use of *seit* and *seitdem*

11 Expressions of time

1 Nouns and articles

1.1 Gender of nouns

Knowing the gender of a German noun is largely a question of careful learning, but there are guidelines to help you. The following general rules apply, but be careful, because for many of these there are notable exceptions.

Each German noun has a grammatical gender, which means that the 'the' (*der, die, das*), the 'a' (*ein, eine*) and the 'not a' (*kein, keine*) in front of the noun changes accordingly. The best way to cope with this is simply to learn the noun together with its gender. Learning the plural form will also be very useful.

So we get: *der Tisch* (masculine) *die Tische* tables

die Uhr (feminine) *die Uhren* clocks

das Haus (neuter) *die Häuser* houses

However, there are some useful tips:

Masculine nouns are: days (*der Sonntag*)

months (*der Mai*)

seasons (*der Winter*)

male persons (*der Onkel*)

makes of cars (*der Porsche*)

nouns ending in -*el* (*der Apfel*) or -*er* (*der Fernseher*)

Feminine nouns are: female persons (*die Frau*)

nouns ending in: -*ei* (*die Bäckerei*) -*ie* (*die Drogerie*)

-*ung* (*die Zeitung*)

-*heit* (*die Krankheit*)

-*keit* (*die Höflichkeit*)

-*tion* (*die Information*)

-*schaft* (*die Landschaft*)

Neuter nouns are: infinitives as nouns (*das Schwimmen*)

nouns ending in: -*chen* (*das Mädchen*) -*lein* (*das Männlein*) -*o* (*das Radio*) -*um* (*das Museum*)

1.2 Plural forms of nouns

Different groups of words change to certain plural endings. But generally the best advice is: **learn the word, the gender and the plural ending all at the same time.**

When we use the word in the plural, the word itself changes, but the article for the plural will always be *die*: *der Tisch – **die** Tische*

*die Uhr – **die** Uhren*

*das Haus – **die** Häuser*

● **Some tips for the plural**

For masculine nouns the most usual plural is formed by adding -*e*, and often Umlauts are added:

der Tisch – die Tische

der Schrank – die Schränke

For feminine nouns the most usual ending is -*n* or -*en*:

*die Blume – die Blume**n***

*die Frau – die Frau**en***

Feminine nouns ending in -*in* add -*nen* in the plural:

*die Freundin – die Freundin**nen***

For most common neutral nouns the usual ending is -*e*:

*das Haar – die Haar**e***

*das Spiel – die Spiel**e***

Don't be tempted to guess the gender of nouns. If you are unsure, look up the word in a dictionary or glossary and make sure that you take note of it and learn it.

1.3 Weak nouns

Some nouns are called 'weak' nouns. These are nouns which add -*en* or -*n* at the end of the word in all cases except the nominative. The same applies in the plural forms. The following show everyday examples of weak nouns in the nominative and the changes in the genitive and dative cases:

der Mensch (person)	*des Menschen/dem Menschen*
der Junge (boy)	*des Jungen/dem Jungen*
der Student (student)	*des Studenten/dem Studenten*
der Nachbar (neighbour)	*des Nachbarn/dem Nachbarn*
der Held (hero)	*des Helden/dem Helden*
der Kunde (customer)	*des Kunden/dem Kunden*

1.4 Adjectives used as nouns

Some adjectives can be used as nouns, in which case they begin with a capital letter and take whichever ending an adjective would take in that position in the sentence. For example, the noun meaning 'homeless' is an adjectival noun based on the adjective *obdachlos* (homeless).

Ein Obdachloser hat mir geholfen.
A homeless (male) person helped me.
(compare with: *Ein obdachloser Mann hat mir geholfen.*) A homeless man helped me.

Eine Obdachlose hat mir geholfen.
A homeless (female) person helped me.
(compare with: *Eine obdachlose Frau hat mir geholfen.*) A homeless woman helped me.

Ich habe mit einem Obdachlosen gesprochen.
I spoke to a homeless (male) person.
(compare with: *Ich habe mit einem obdachlosen Mann gesprochen.*) I spoke to a homeless man.

Viele Obdachlose waren da.
Lots of homeless people were there.

1.5 Definite and indefinite articles

- The definite article (*der, die, das*). Literally translated, the definite article means 'the'. The articles change their form to indicate the case, gender and number (i.e. singular or plural) of the noun they accompany (see cases below).

- The indefinite article (*ein, eine*). The indefinite article means 'a' or 'an'. *Ein* is used with masculine and neuter nouns, and *eine* with feminine nouns. Again, it changes its forms to indicate case, gender and number (see below).

- *Kein/Keine* are used to express 'none', 'no', not any'. They are case sensitive in the same way as the indefinite article:

  *Meine Schwester hat **kein** Geld, **keinen** Mann und **keine** Freunde.*
  My sister has no money, no husband and no friends.

1.6 Cases

	masculine	feminine	neuter	plural
nominative	*der/ein*	*die/eine*	*das/ein*	*die*
accusative	*den/einen*	*die/eine*	*das/ein*	*die*
genitive	*des/eines*	*der/einer*	*des/eines*	*der*
dative	*dem/einem*	*der/einer*	*dem/einem*	*den*

Nominative

The nominative case is used to indicate the subject of the sentence. The subject is the person or thing 'doing' the action expressed by the verb.

***Der Junge** spielt sehr gerne Badminton.*
The boy likes playing badminton very much.

Accusative

The accusative case is used to indicate the direct object. This is the person or thing receiving the action.

*Ich habe gestern **den Eiffelturm** besichtigt.*
I visited the Eiffel Tower yesterday.

- The accusative case is used after certain prepositions (see Section 7). It is also used for time expressions such as: *letzten Monat* (last month), *nächsten Donnerstag* (next Thursday), *den ganzen Morgen* (the whole morning).

- Some common verbs are followed only by the accusative:

bitten	*Ich bitte dich.* I'm asking (requesting) you.
erreichen	*Er erreicht das Haus.* He reaches the house.
fragen	*Sie fragt ihre Mutter.* She asks her mum.
kennen	*Wir kennen ihn.* We know him.
lieben	*Ich liebe dich.* I love you.
bekommen	*Du bekommst das Fahrrad.* You are getting (going to get) the bike.
besuchen	*Sie besuchen ihre Großeltern.* They are visiting their grandparents.
verlassen	*Ich verlasse meinen Freund.* I'm leaving my boyfriend.

Genitive

- The genitive case is used to show possession and it translates 'of the/my', etc. Use the genitive to talk about what or to whom something belongs:

  *Ich borge das Handy **eines** Freundes.*
  I'm borrowing a friend's mobile. (I'm borrowing the mobile **of a** friend.)

  *Manche prophezeien den Tod **des** Kinos.*
  Some foresee the death **of the** cinema.

  *Ein Vorteil **des** Autos ist …*
  One advantage **of the** car is …

- The table below shows you how the definite and indefinite articles change in the genitive case and how you add an -s or -es to a singular masculine or neuter noun.

	masculine	feminine	neuter	plural
nominative	der/ein Mann	die/eine Frau	das/ein Kind	die Kinder
genitive	des/eines Mannes	der/einer Frau	des/eines Kindes	der Kinder

Dative

- The dative case is used to indicate the indirect object. This is the person or thing the action is being done 'to' or 'for'.

*Er gibt **dem Mann** seine CD.*
He gives his CD to the man.

- In the plural, the dative case must end in an -n for any noun not already ending in -n.

Er gibt seinen Schwestern alles.
He gives everything to his sisters.

- The dative case is used after certain prepositions (see Section 7).

- Some common verbs are followed only by the dative:

antworten	*Die Schüler antworten dem Lehrer.* The pupils answer their teacher.
danken	*Ich danke dir.* I thank you.
gefallen	*Das Kleid gefällt mir.* I like the dress.
gehören	*Die Jacke gehört meinem Vater.* The jacket belongs to my dad.
glauben	*Er glaubt ihr.* He believes her.
gratulieren	*Sie gratuliert ihm zum Geburtstag.* She wishes him happy birthday.
helfen	*Sie hilft ihrer Mutter in der Küche.* She helps her mum in the kitchen.

2 Adjectives and adverbs

2.1 Adjective agreement and position

When adjectives are used **after** a noun they do not add any sort of ending. When adjectives are used **before** a noun, however, they must have the appropriate adjectival ending. These endings change according to the gender, number and case of the noun. There are three sets of endings depending upon whether the noun comes after the definite article, the indefinite article or no article at all.

Weak endings

Endings following the definite article (*der, die, das*) and *dieser, jener, jeder, mancher, welcher* and *solcher* (as well as *alle* in the plural) are called **weak endings**:

	masculine	feminine	neuter	plural
nominative	der alte Mann	die alte Frau	das alte Haus	die alten Häuser
accusative	den alten Mann	die alte Frau	das alte Haus	die alten Häuser
genitive	des alten Mannes	der alten Frau	des alten Hauses	der alten Häuser
dative	dem alten Mann	der alten Frau	dem alten Haus	den alten Häusern

Der technische Durchbruch wird bald geschafft werden. The technical breakthrough will soon be made.

Die wirtschaftliche Entwicklung der Land ist sehr gut. The economic development of the country is very good.

Das klimaschädliche Treibhausgas wird freigesetzt. The climate-damaging greenhouse gas is set free.

Mixed endings

Endings following the indefinite article (*ein/eine*) and *mein/dein/sein/ihr/unser/euer/ihr/Ihr/kein* are called **mixed endings**:

	masculine	feminine	neuter	plural
nominative	ein alter Mann	eine alte Frau	ein altes Haus	keine alten Häuser
accusative	einen alten Mann	eine alte Frau	ein altes Haus	keine alten Häuser
genitive	eines alten Mannes	einer alten Frau	eines alten Hauses	keiner alten Häuser
dative	einem alten Mann	einer alten Frau	einem alten Haus	keinen alten Häusern

Es gibt ein steigender Energiebedarf. There is a rising demand for energy.

Eine schwierige Frage muss gestellt werden. A difficult question must be asked.

Wer das mitfinanzieren wird ist ein großes Problem. Who will help with the finance is a big problem.

Strong endings

Adjectival endings, where the adjective is not preceded by any kind of article, are called **strong endings**. Strong endings are also used after *ein paar, einige,* *wenige, manche, viele* and numbers. The adjective ending takes over the role of the article and therefore looks similar to the definite article (except for the genitive):

	masculine	feminine	neuter	plural
nominative	*alter Mann*	*alte Frau*	*altes Haus*	*alte Häuser*
accusative	*alten Mann*	*alte Frau*	*altes Haus*	*alte Häuser*
genitive	*alten Mannes*	*alter Frau*	*alten Hauses*	*alter Häuser*
dative	*altem Mann*	*alter Frau*	*altem Haus*	*alten Häusern*

Die Ölfirmen müssen Menschen mit umweltverträglicher Energie versorgen.
The oil companies must supply people with environmentally friendly energy.

2.2 Comparatives and superlatives

A comparative adjective is formed by adding *-er* to the adjective, and the superlative is formed by adding *-(e)ste*. Adjective endings apply if the superlative or comparative precedes the noun:

der schöne Tag   the nice day

der schönere Tag   the nicer day

der schönste Tag   the nicest day

- Sometimes an *-e-* is added to make the word easier to pronounce:

  nett   netter   am nettesten

- Sometimes the first vowel adds an **umlaut:**

  groß   größer   größte

  hoch   höher   höchste

  nah   näher   nächste

- Some exceptions:

  gut   besser   beste

  gern   lieber   liebste

  viel   mehr   meiste

- In the comparative, **als** is used for 'than':

  *Meine Stimme ist **schöner als** deine Stimme.*
  My voice is more beautiful than your voice.

- To express 'of all', German puts **aller-** before the superlative:

  *das **allerschönste** Lied*
  the most beautiful song of all

- As adjectives can be used as nouns, **nouns can also be formed from the comparative and the superlative** (see Section 1.4):

  der Geduldigere   the more patient one

  der Geduldigste   the most patient of all

- The genders of these nouns depend on what the nouns are referring to:

  *Wir haben viele Lieder gesungen, **das Beste** war …* (**das Beste** referring to *das Lied*)

  *Ich habe drei CDs gekauft, **die Beste** ist …* (**die Beste** referring to *die CD*)

2.3 Demonstrative adjectives

Like other adjectives, demonstrative adjectives *dieser* (this) and *jener* (that) must agree with the noun they describe.

masculine	feminine	neuter	plural
dieser	*diese*	*dieses*	*diese*

When used with an adjective, they work in the same way as the definite article:

masculine	*dieser/jener große Hund*
feminine	*diese/jene große Stadt*
neuter	*dieses/jenes große Haus*
plural	*diese/jene großen Geschäfte*

2.4 Possessive adjectives and pronouns

- Possessive adjectives are words for my, your, her, etc. They follow the same pattern as *ein, eine, ein*. Here is a list of all the possessive adjectives in the nominative, singular.

ich	*mein*	my
du	*dein*	your
er	*sein*	his
sie	*ihr*	her
es	*sein*	its
wir	*unser*	our
ihr	*euer*	your (plural)
Sie	*Ihr*	your (formal)
sie	*ihr*	their

- The ending of the possessive adjective always corresponds to the person or thing that follows it, in terms of case, gender, and number.

	masculine	feminine	neuter	plural
nominative	*mein*	*meine*	*mein*	*meine*
accusative	*meinen*	*meine*	*mein*	*meine*
genitive	*meines*	*meiner*	*meines*	*meiner*
dative	*meinem*	*meiner*	*meinem*	*meinen*

nominative	*Das ist **mein** CD-Spieler.* That is my CD player. *Das sind **meine** drei CD-Spieler.* Those are my three CD players.
accusative	*Ich gebe dir **meinen** CD-Spieler.* I'll give you my CD player.
genitive	*Das ist der Deckel **meines** CD-Spielers.* That's the lid of my CD player.
dative	*Ich gebe **meinem** CD-Spieler einen Tritt.* I'm getting rid of my CD player.

● The genitive is usually used where English uses apostrophes:

*Das ist die Jacke **meines** Bruders.* That is my brother's jacket./That is the jacket **of my** brother.

The exception is when a person is referred to by name. However, then the 's' is simply added on without an apostrophe:

Das ist Petras Kleid. That is Petra's dress.

● You can avoid using the genitive by using *von* + dative. It is not considered to be as elegant as the genitive, but is used by many people in conversation.

*Das ist die Tasche **von meiner** Mutter.* That is my mother's bag./That is the bag **of my** mother.

2.5 Interrogative adjectives

The question word *welch…* is an interrogative adjective meaning 'which'. It takes the same endings as *dies…* (this), *jed…* (every) and *jen…* (that).

***Welche** Fangmethode ist nachhaltiger?* Which fishing method is more sustainable? (nominative because it is the subject of the sentence, feminine because of *Fangmethode.*)

***Welchen** Werbespot magst du?* Which advertisement do you like? (accusative because it is the direct object of *mögen*, masculine because of *Werbespot*)

*Aus **welchem** Land stammt das?* From which country is that? In which text are the following themes mentioned? (dative after the preposition *auf*, with no motion implied, and neuter because of *Land.*)

***Welchen** Ansichten stimmen Sie zu?* Which views do you agree with? (dative because it is the indirect object of *zustimmen* (a dative verb), plural because of *Ansichten*)

Other question words are:

wer/ wessen/wem/wen   who (changes with the case)

Wessen Geländewagen ist das?   Whose cross-country vehicle is that?

Für wen haben Sie das getan?   For whom did you do that?

inwiefern   to what extent

Inwiefern sind Industrieländer verantwortlich? To what extent are industrial countries responsible?

worauf/woran/wofür   what on/what in/what for (for verbs taking prepositions)

Wofür kämpfen sie?   What are you fighting for?

● Be particularly careful with ***was für***. The case of the noun which follows *was für* is dependent on its role in the sentence; it is not determined by *für* and is therefore not always in the accusative:

was für   what sort of

In was für einem Wald findet man Mahagoniholz? In what sort of forest does one find mahogany?

2.6 Adverbs

In English, adverbs are often formed by adding '-ly' to an adjective. German adverbs, however, are usually written in the same way as the corresponding adjective. Adverbs do not take adjectival endings:

*Er lief **schnell** zur Schule.*   He ran quickly to school.

*Sie fuhr **langsam** die Straße entlang.*   She drove slowly along the road.

If more than one adverb occurs in a sentence, the normal word order is **time, manner, place:**

	Time	Manner	Place	
Ich fahre	*heute*	*mit dem Bus*	*in die Stadt.*	I'm going into town by bus today.

Note that you cannot insert an adverb between the subject and the verb as you can in English.

Ich fahre oft in die Stadt.   I often go to town.

Qualifiers

Common qualifiers in German include:

sehr	very/really
besonders	particularly/especially
kaum	hardly, scarcely
recht	quite, very
wenig	not very

These qualifiers can be placed in front of adjectives, adverbs, verbs and nouns:

Der Werbespot gefällt mir sehr. I really like the advertisement.

Kinder mögen solche Werbung besonders gern. Children particularly like this sort of advertisement.

Das Stern-Symbol fällt kaum jemandem auf. Hardly anyone notices the star sign.

Der Artikel ist wenig interessant. The article is not very interesting.

Comparatives and superlatives of adverbs

These work in the same way as adjectives. (See Section 2.2 Comparatives and superlatives.)

Interrogative adverbs

(See Section 6 Interrogative forms.)

2.7 Particles – *doch, ja, mal, schon, eben*

In German, particles such as *doch, ja, mal, schon* and *eben* can be used to 'flavour' a sentence, usually with some kind of emphasis. They are difficult to translate into English, which often relies on subtleties of intonation instead. Here are a few examples:

*Komm **doch** rein!* Do come in! (intensifying the command – What on earth are you waiting for?)

*Das kann **doch** nicht wahr sein!* That just can't be true! (contradiction – implies that the other speaker has just claimed that something is true.)

*Sie wissen **ja**, was passieren wird.* You do know what's going to happen. (emphasis – You really do know …)

*Das ist **ja** nicht so schlimm.* It's not that bad. (emphasis – It's really not bad at all.)

*Darf ich es **mal** sehen?* May I just have a look? (encouragement, persuasion – Come on, it's no big deal.)

*Ich möchte **mal** eure Meinung dazu hören.* I'd like to hear your opinion on this. (enthusiasm – Please tell me, I'd like to know.)

*Es macht **schon** Spaß, diese Fragen zu beantworten.* It's fun answering these questions. (emphasis – It really is fun.)

*Das müssen Sie **schon** machen.* You must do that. (emphasis – It's important that you do it.)

3 Pronouns

3.1 Personal pronouns

The subject pronouns are:

Singular		Plural	
ich	I	wir	we
du	you	ihr	you (plural)
er	he	Sie	you (formal)
sie	she	sie	they
es	it		

*Was machst **du** heute Abend?* What are you doing this evening?

*Marko und Ines, kommt **ihr** morgen ins Kino?* Marko and Ines, are you coming to the cinema tomorrow?

*Wohnen **Sie** in Bremen, Herr Schmidt?* Do you live in Bremen, Mr Smith?

Pronouns also change their form to indicate different cases. The following table shows you the same pronouns but in the accusative and dative cases.

Nominative	Accusative	Dative
ich	mich	mir
du	dich	dir
er	ihn	ihm
sie	sie	ihr
es	es	ihm
wir	uns	uns
ihr	euch	euch
Sie	Sie	Ihnen
sie	sie	ihnen

Sie hilft den Frauen. ⟶ Sie hilft **ihnen.**

3.2 Position and order

Note the word order when there are two pronouns as objects. The accusative comes before the dative:

Er gibt es mir. He gives it (to) me.

If a noun and a pronoun occur together, the pronoun always comes first:

*Er gibt **mir** das Buch.* He gives me the book.

3.3 Reflexive pronouns

Reflexive pronouns (myself, yourself, etc.) often have no direct translation: *Viel hat **sich** geändert.*

(See Section 4.11 on Reflexive verbs.)

3.4 Relative pronouns

- In English, these are 'who', 'which', 'that', 'whose', etc., as in the sentence: '**That** is the man **who** gave me the money'.

  In German, the relative pronoun must agree in gender and number to the word to which it relates: *Das ist **der Mann, der**… /Das ist **die Frau, die** …*

- The case of the pronoun will be determined by its function in the relative clause. If the pronoun is the subject of the verb in the relative clause, then it will be in the nominative case. If it is the object of the verb in the relative clause, it will be in the accusative case. Below is a table which sets out relative pronouns for all cases.

	masculine singular	feminine singular	neuter singular	plural
nominative	*der*	*die*	*das*	*die*
accusative	*den*	*die*	*das*	*die*
genitive	*dessen*	*deren*	*dessen*	*deren*
dative	*dem*	*der*	*dem*	*denen*

*Eine erlaubte Droge ist das Koffein, **das** in Kaffee vorkommt.*   Caffeine is a permitted drug that is present in coffee.

*Das war vielleicht der Wein, **den** wir gestern getrunken haben.*   It was probably the wine that we drank yesterday.

*Sie sind natürliche Stoffe, **deren** Wirkung man noch abschätzen kann.*   They are natural substances, the effect of which cannot yet be evaluated.

*Dort werden verschiedene Substanzen zu Pillen zusammengemixt, **die** eine starke Rauschwirkung haben.*   Different substances are mixed together to make pills which have a strong narcotic effect.

*Abhängige landen immer bei einem Dealer, **der** sehr viel Geld nimmt.*   Addicts always end up with a dealer who charges a lot of money.

- In German, unlike in English, the relative pronoun can never be omitted:

  *Was hast du mit der Flasche Schnaps gemacht, **die** ich gestern gekauft habe?*   What have you done with the bottle of schnaps I bought yesterday?

- When the relative pronoun is governed by a preposition, the preposition goes before the relative pronoun and the relative pronoun takes the appropriate case for that preposition:

  *Leute, mit **denen** ich arbeite …*   People (who) I work with … *(denen is plural because it refers back to Leute and dative because it comes after mit)*

- The word *was* is used as a relative pronoun after *etwas, nichts, alles* and a superlative, as well as when referring back to a whole clause rather than a single word:

  *Ich weiß etwas, **was** ihr nicht wisst.*   I know something that you don't know.

  *Ich esse nichts, **was** schlecht für die Gesundheit ist.*   I don't eat anything that is bad for one's health.

  *Hast du alles, **was** wir brauchen?*   Have you got everything that we need?

  *Sie raucht nicht mehr, **was** mir gut gefällt.*   She doesn't smoke any more which I'm pleased about.

3.5 Indefinite pronouns

The indefinite pronouns *jemand* (someone) and *niemand* (no-one) have optional case endings as follows:

nominative	*jemand*	*niemand*
accusative	*jemand(en)*	*niemand(en)*
genitive	*jemand(e)s*	*niemand(e)s*
dative	*jemand(em)*	*niemand(em)*

*Ich habe **niemand** gesehen./Ich habe **niemanden** gesehen.*   I saw no-one.

*Wir müssen mit **jemand** sprechen./Wir müssen mit **jemandem** sprechen.*   We must speak to someone.

3.6 Possessive pronouns

(See Section 2.4 Possessive adjectives.)

3.7 Interrogative pronouns

(See Section 6 Interrogative forms.)

4 Verbs

- Verbs are words that denote an activity (e.g. 'go', 'work', 'buy'), and are therefore also called 'action' words.

- The infinitive: All German verbs are found in the dictionary ending with -*en* or -*n*: *spielen, fahren, tanzen, lächeln*. This is called the infinitive. The infinitive without the -*en* or -*n* is called the stem.

- There are regular (weak) verbs and irregular (strong) verbs, and some mixed verbs.

- Most verbs in German are regular, which means they follow a regular pattern in all tenses. The irregular verbs and mixed verbs follow an irregular pattern, in most cases involving a vowel change. There are just a few of these verbs, and they need to be learned.

4.1 The present tense

The German present tense has two meanings in English:

ich spiele   I play **or** I am playing

wir essen   we eat **or** we are eating

Formation of regular verbs

To form the present tense of regular (weak) verbs, take off the final *-en* or *-n* from the infinitive and add back the endings as shown in the two examples below:

spielen to play	*lernen* to learn
ich spiele	*ich lerne*
du spielst	*du lernst*
er/sie/es spielt	*er/sie/es lernt*
ihr spielt	*ihr lernt*
wir spielen	*wir lernen*
Sie/sie spielen	*Sie/sie lernen*

Formation of irregular verbs

Some verbs are irregular in the present tense. Two very important irregular verbs are:

haben to have	**sein** to be
ich habe	*ich bin*
du hast	*du bist*
er/sie/es hat	*er/sie/es ist*
wir haben	*wir sind*
ihr habt	*ihr seid*
Sie/sie haben	*Sie/sie sind*

- Irregular verbs do not have quite the same pattern as regular verbs. However, the differences are only slight and are to be found in the *du*, *er*, *sie* and *es* forms of the verb. Sometimes you add an *Umlaut* (ö, ä, ü) and sometimes there is a vowel change:

	fahren to drive	*laufen* to run	*tragen* to carry
du	*fährst*	*läufst*	*trägst*
er/sie/es	*fährt*	*läuft*	*trägt*

- Other useful verbs which change in the same way are:

empfangen	to receive
fallen	to fall
fangen	to catch
halten	to stop
schlafen	to sleep
schlagen	to hit
tragen	to carry/wear
waschen	to wash

- Some common irregular verbs where there is a vowel change are:

	du	**er/sie/es**
essen	*isst*	*isst*
geben	*gibst*	*gibt*
empfehlen	*empfiehlst*	*empfiehlt*
helfen	*hilfst*	*hilft*
lesen	*liest*	*liest*
nehmen	*nimmst*	*nimmt*
sehen	*siehst*	*sieht*
sprechen	*sprichst*	*spricht*
treffen	*triffst*	*trifft*
vergessen	*vergisst*	*vergisst*
wissen	*weißt*	*weiß*

Separable verbs

With separable verbs, such as **auf**stehen (to get up), **fern**sehen (to watch TV), **an**machen (to switch on), the prefix (which adds meaning to the verb) always separates from the verb and goes to the end of the sentence or clause, while the main part of the verb stays in its normal position with its appropriate ending:

*Ich **stehe** um 7 Uhr **auf**.*   I get up at 7 o'clock.

*Sie **sieht** jeden Tag **fern**.*   She watches television every day.

*Wir **machen** den Fernseher **an**.*   We're switching the television on.

In every other way separable verbs work in the same way as normal verbs in the present tense, some being regular and some irregular:

kennenlernen	to get to know (someone)
losfahren	to set off (in a vehicle)
einsteigen	to get on (board)
aufwachen	to wake up
zurückkommen	to come back
abtrocknen	to dry the dishes
mitkommen	to come with/accompany
weiterstudieren	to carry on studying

Modal verbs in the present tense

There are six modal verbs which are commonly used in German. They are irregular, and they are mostly used with another verb, which is always used in the infinitive form and goes at the end of the sentence.

*Ich **muss** jeden Tag Klavier **üben**.*   I have to (must) practise piano every day.

Ich **kann** *Gitarre* **spielen**.   I can play the guitar.

- **müssen**   to have to, must (Note: *müssen* + *nicht* = don't have to)

  Du musst deine Musik nicht so laut aufdrehen. You don't have to turn up your music so loud.

- **können**   to be able to, can

  Er **kann** *gut Deutsch.*   He can speak good German. (often used on its own without an infinitive)

  Das **kann** *sein.*   That may be.

- **dürfen**   to be allowed to, may

  Du darfst deine Musik nicht so laut aufdrehen. You mustn't turn up your music so loud.

  Du darfst nicht auf der Straße spielen. You mustn't play in the road.

  Darf ich bitte Ihre Fahrkarten sehen?   May I see your tickets, please?

- **mögen**   to like

  Ich mag diese CD.   I like this CD. (a catch-all way of expressing what you like)

  Magst du Horrorfilme?   Do you like horror films?

- **wollen**   to want to

  Ich will jetzt nach Hause gehen.   I want to go home now.

- **sollen**   shall, to be supposed to, to be said to

  Ich soll nächste Woche nach Berlin fahren.   I am to go to Berlin next week.

  Er soll sehr intelligent sein.   He is supposed to be very intelligent.

  Sie soll sehr reich sein.   She is said to be very rich.

	können	**dürfen**	**müssen**	**wollen**	**sollen**	**mögen**
ich	kann	darf	muss	will	soll	mag
du	kannst	darfst	musst	willst	sollst	magst
er/sie/es	kann	darf	muss	will	soll	mag
wir	können	dürfen	müssen	wollen	sollen	mögen
ihr	könnt	dürft	müsst	wollt	sollt	mögt
Sie/sie	können	dürfen	müssen	wollen	sollen	mögen

4.2 The perfect tense

In German the perfect tense describes events which have taken place in the past. It usually translates what someone 'has done' or 'did', e.g. 'I looked', 'I have looked'. In German there is little difference in meaning between the perfect and imperfect tenses. For most verbs the perfect tense tends to be used more in speech and the imperfect more in formal writing such as in books, magazines, newspapers and reports.

All verbs in the perfect tense use the **present tense** of one of two auxiliary verbs, plus a past participle. Most verbs use *haben* as the auxiliary, but a significant number of common verbs use *sein*. The latter tend to be verbs of motion or represent a change from one state to another, e.g. *aufwachen* (change from being asleep to being awake) or *wachsen* (change from being small to being larger). The **past participle** (the perfect tense bit of the verb) goes to the end of the sentence or clause with both *haben* and *sein* verbs.

- Using *haben* as an auxiliary:

  Ich **habe** *meine Hausaufgaben* **gemacht**.   I have done my homework.

  Du **hast** *kein Bier* **gekauft**.   You haven't bought any beer.

  Er **hat** *sehr gut* **gespielt**.   He played well.

  Sie **hat** *schon tausend Euro* **gespart**.   She has saved 1000 Euros.

  Es **hat** *gestern viel* **geregnet**.   It rained a lot yesterday.

  Wir **haben** *nur wenig in dieser Stunde* **gelernt**. We didn't learn much in this lesson.

  Ihr **habt** *prima* **getanzt**.   You (plural) danced brilliantly.

  Sie **haben** *zu viel* **gesagt**.   You (formal) said too much.

  Sie **haben** *jeden Tag Klavier* **geübt**. They practised the piano every day.

  Man **hat** *sich Sorgen* **gemacht**. They were worried.

- Using *sein* as an auxiliary:

  Ich **bin** **sehr glücklich** *gewesen*.   I was very happy.

  Du **bist** *sehr früh* **aufgewacht**. You woke very early.

  Er **ist** *den ganzen Tag zu Hause* **geblieben**. He stayed at home all day.

  Sie **ist** *kurz nach dem Mittagessen* **losgefahren**. She set off shortly after lunch.

  Es **ist** *viel kälter* **geworden**.   It has become much colder.

  Wir **sind** *nach Portugal* **geflogen**.   We flew to Portugal.

  Ihr **seid** *ziemlich spät* **aufgestanden**.   You got up fairly late.

  Sie **sind** *leider zu schnell* **gefahren**.   Unfortunately you drove too quickly.

  Sie **sind** *an der falschen Haltestelle* **ausgestiegen**. They got out at the wrong stop.

  Weit mehr Arbeiter **als erwartet** *sind gekommen.* Far more workers arrived than expected.

- The past participle of many weak (regular) verbs is formed by adding *ge-* before the stem and *-t* to the end of the stem:

malen	**ge**mal**t**
sammeln	**ge**sammel**t**
speichern	**ge**speicher**t**

- Verbs of which the stem ends in *-t*, *-d* or more than one consonant have an extra *-e-*:

arbeiten	gearbeit**e**t
enden	geend**e**t
trocknen	getrockn**e**t

- Verbs ending in *-ieren* do not have *ge-* before the stem:

telefonieren	*telefoniert*
informieren	*informiert*

- Verbs beginning with an inseparable prefix, e.g. *be-*, *emp-*, *ent-*, *er-*, *ge-*, *ver-* and *zer-*, do not have *ge-* before the stem:

verkaufen	*verkauft*
besuchen	*besucht*

- Verbs beginning with a separable prefix, e.g. *auf-*, *aus-*, *ein-* and *zu-*, have the *-ge-* between the prefix and the stem:

einwandern	*ein**ge**wandert*
aufwachen	*auf**ge**wacht*

- The past participle of strong (irregular), mixed and modal verbs must be learnt separately for each verb. Here are a few examples:

geben	*gegeben*
beginnen	*begonnen*
ausgehen	*ausgegangen*
bringen	*gebracht*
können	*gekonnt*

- Modal verbs all form their perfect tense with *haben* as the auxiliary verb:

	müssen	*können*	*dürfen*	*mögen*	*wollen*	*sollen*
ich habe	gemusst	gekonnt	gedurft	gemocht	gewollt	gesollt
du hast	gemusst	gekonnt	gedurft	gemocht	gewollt	gesollt
er/sie/es	gemusst	gekonnt	gedurft	gemocht	gewollt	gesollt
ihr	gemusst	gekonnt	gedurft	gemocht	gewollt	gesollt
wir/Sie/ sie	gemusst	gekonnt	gedurft	gemocht	gewollt	gesollt

4.3 The imperfect tense/simple past tense

The imperfect tense is also called the simple past tense, because the verb consists of just one element. The imperfect can be used for any action in the past and has the same meaning as the perfect tense (*ich spielte* = I played, I used to play, I was playing, I did play). The imperfect tends to be used more in written German, but can also be used in speech. Frequently-used verbs like modal and mixed verbs are often only used in the imperfect, as it is easier.

Ich musste Arbeit suchen.   I had to look for work.

Ich hatte weniger Freizeit.   I had less leisure time.

Er wartete auf mich.   He waited for me.

Sie gewöhnte sich schnell an die Umgebung.
She quickly became used to her environment.

Sie heirateten gleich nach ihrer Ankunft.
They married immediately after their arrival.

- **Weak (regular) verbs** add the endings shown below to the stem of the verb.

ich	spiel**te**
du	spiel**test**
er/sie/es	spiel**te**
ihr	spiel**tet**
wir	spiel**ten**
Sie	spiel**ten**
sie	spiel**ten**

- **Strong (irregular) verbs** change their stem in the imperfect and each form has to be learnt. Remember that the *ich* form of the imperfect of irregular verbs is the same as the *er, sie and es* forms. Add *-st* to the *du* form and *-t* to the *ihr* form. For *wir, Sie* and *sie*, simply add *-en* to the stem.

ich	ging
du	ging**st**
er/sie/es	ging
ihr	ging**t**
wir	ging**en**
Sie	ging**en**
sie	ging**en**

- **Mixed verbs** combine a change in their stem with *-te* endings of the regular verbs.

  haben – ich hatte

  kennen – ich kannte

  wissen – ich wusste

  bringen – ich brachte

verbringen – ich verbrachte

denken – ich dachte

rennen – ich rannte

nennen – ich nannte

brennen – ich brannte

- Watch out for *sein* (to be):

ich	*war*
du	*warst*
er/sie/es	*war*
wir	*waren*
ihr	*wart*
Sie/sie	*waren*

- The most irregular verb is *werden* (to become). It ends in *-de* instead of *-te*:

ich	*wurde*
du	*wurdest*
er/sie/es	*wurde*
wir	*wurden*
ihr	*wurdet*
Sie/sie	*wurden*

- Modal verbs in the past tense are mostly used in their imperfect form:

	können	*dürfen*	*müssen*	*wollen*	*sollen*	*mögen*
ich	*konnte*	*durfte*	*musste*	*wollte*	*sollte*	*mochte*
du	*konntest*	*durftest*	*musstest*	*wolltest*	*solltest*	*mochtest*
er/sie/es	*konnte*	*durfte*	*musste*	*wollte*	*sollte*	*mochte*
wir	*konnten*	*durften*	*mussten*	*wollten*	*sollten*	*mochten*
ihr	*konntet*	*durftet*	*musstet*	*wolltet*	*solltet*	*mochtet*
Sie/sie	*konnten*	*durften*	*mussten*	*wollten*	*sollten*	*mochten*

4.4 The future tense

The future tense is used to make predictions and statements about the future, to say something **will** happen. In German the future tense is formed by combining the present tense of *werden* with the infinitive of the appropriate verb, which goes to the **end of the clause**.

Ich werde *um 9 Uhr* **kommen.**   I will come at nine o'clock.

Du wirst *morgen wenig Zeit* **haben.**   You won't have much time tomorrow.

Er wird *am Wochenende Fußball* **spielen.**   He will play football at the weekend.

D-A-S-H wird *von der deutschen Regierung* **unterstützt.**   D-A-S-H is supported by the German government.

Sie wird *nicht ohne ihre Schwester* **gehen.** She won't go without her sister.

Der Flüchtlingshilfsverein wird *eine Gruppe junger Asylsuchender* **unterstützen.**   The refugee aid organisation will support a group of young asylumseekers.

Es wird *morgen* **regnen.**   It will rain tomorrow.

Wir werden *den Zug sicher* **verpassen.**   We will definitely miss the train.

Wir werden *Grundlagen und Erfahrungen beim Publizieren im Internet an Flüchtlinge* **vermitteln.** We will pass on basic information and experiences to refugees by publishing them on the Internet.

Ihr werdet *das hoffentlich bald* **verstehen.** You (plural) will hopefully soon understand it.

Sie werden *ihn bestimmt* **erkennen.**   You (formal) will certainly recognise him.

Sie werden *nächste Woche nach Berlin* **fahren.** They will go to Berlin next week.

If the sentence includes a time phrase, then the **present tense** can convey a future meaning:

Ich helfe Ihnen gern nächste Woche.   I'll gladly help you next week.

4.5 The conditional

The conditional is used to talk about what **would happen** or how something **would be** in the future. The tense is formed from the imperfect subjunctive form of *werden* and an infinitive at the end of the sentence or clause:

ich würde	I would
du würdest	you would
er/sie/es würde	he/she/it would
ihr würdet	you would
wir/Sie/sie würden	we/you/they would

Ich **würde** *nach Amerika* **fliegen.**   I would fly to America.

Wir **würden** *nächstes Jahr mehr Geld* **verdienen.** We would earn more money next year.

Das **würde** *ich gerne* **machen.**   I would like to do that/I would happily do that.

The conditional is often combined with another subjunctive clause beginning with *wenn* (if), followed by the imperfect subjunctive of another verb (see Section 4.10 The Subjunctive):

Ich **würde** *nach Berlin* **fahren,** *wenn ich mehr Zeit* **hätte**   I would go to Berlin if I had more time.

Ich **würde** *einen Porsche* **kaufen,** *wenn ich reich* **wäre.**   I would buy a Porsche if I were rich.

*Er **würde** für die Schulmannschaft **spielen**, wenn er besser **wäre**.* He would play for the school team if he were better.

*Er **würde** nach Australien **fliegen**, wenn er mehr Geld **hätte**.* He would fly to Australia if he had more money.

*Meine Eltern **würden** in Spanien **leben**, wenn sie dort **arbeiten könnten**.* My parents would live in Spain, if they could work there.

4.6 The pluperfect tense

The pluperfect tense is usually used in conjunction with the imperfect tense. When narrating events that happened in the past, the pluperfect is used to describe events which happened earlier, before the events being narrated. It is used in English in phrases like 'had seen', 'had eaten', e.g. When I went into town I saw a friend who **had** just **bought** an iPod.

*Die Staatsanwaltschaft geht von einem rassistisch motivierten Angriff aus, weil die Täter den Mann als ‚dreckigen Nigger' **beschimpft hatten**.* The public prosecutor's office assumed it was a racialistically motivated attack, because the culprit had called the man a 'dirty nigger'.

*Kurz nachdem der Mann seine Ehefrau **angerufen hatte**, fingen die Täter an, ihn anzugreifen.* Shortly after the man had telephoned his wife, the culprits started to attack him.

*Ihrer Mutter blieb das Getto erspart, weil sie zehn Tage vorher **gestorben war**.* Her mother was spared the ghetto, because she had died ten days earlier.

The pluperfect tense is formed with the same pattern as the perfect tense. However, instead of using the present tense of the auxiliary verb (*hat* or *ist*, for example), the imperfect tense of the verb is used (*hatte* or *war*). The auxiliary verb is usually in second position and the past participle usually in final position, as for the perfect tense.

du hattest	*gekauft*	you had bought
er hatte	*gespielt*	he had played
sie hatte	*gesehen*	she had seen
es hatte	*geschneit*	it had snowed
wir hatten	*gewusst*	we had known
ihr hattet	*gefunden*	you (plural) had found
Sie hatten	*gehört*	you (formal) had heard
sie hatten	*gelacht*	they had laughed
ich war	*gekommen*	I had come
du warst	*aufgestanden*	you had got up
er war	*geblieben*	he had stayed
sie war	*aufgewacht*	she had woken up
es war	*gesprungen*	he had jumped
wir waren	*eingestiegen*	we had boarded (got on)
ihr wart	*ausgegangen*	you (plural) had gone out
Sie waren	*losgefahren*	you (formal) had set off
sie waren	*geflogen*	they had flown

(See Section 4.2 The perfect tense, for information on past participles.)

4.7 Using the future perfect and the conditional perfect tenses

Future perfect

The future perfect tense tells you what **will have happened**. It is used in a similar way to English (*shall/will have done*) and indicates that an action will have been completed by a certain time in the future.

The future perfect is formed by using the present tense of the verb *werden* plus the past participle of the main verb. The auxiliary verb (either *haben* or *sein*) is in the infinitive, depending on how the verb would form its perfect tense:

Er wird Tennis gespielt haben. He will have played tennis.

ich werde	*gesprochen haben*	I will have spoken
du wirst	*gegessen haben*	you will have eaten
er wird	*gemacht haben*	he will have done
sie wird	*gesagt haben*	she will have said
es wird	*geregnet haben*	it will have rained
wir werden	*gelesen haben*	we will have read
ihr werdet	*gefunden haben*	you (plural) will have found
Sie werden	*gekauft haben*	you (formal) will have bought
sie werden	*gehört haben*	they will have heard
ich werde	*gefahren sein*	I will have driven
du wirst	*geschwommen sein*	you will have swum
er wird	*aufgewacht sein*	he will have woken up
sie wird	*geflogen sein*	she will have flown
es wird	*gegangen sein*	it will have gone
wir werden	*zurückgekommen sein*	we will have come back
ihr werdet	*aufgestanden sein*	you (plural) have got up

Sie werden   spazierengegangen sein
you (formal) will have gone for a walk

sie werden   ausgegangen sein
they will have gone out

The future perfect tense is often introduced by an adverb of time to show by when something will have happened:

In fünf Jahren **werde** *ich viel Geld* **verdient haben**.
In five years I will have earned a lot of money.

Bald **werden** *70% aller deutschen Haushalte die W-LAN-Technologie* **gekauft haben**.   Soon 70% of German households will have bought wireless technology.

Conditional perfect

The **conditional perfect** tells you what **would have happened**, but didn't, in the past. You can form the conditional perfect in a similar way to the future perfect, but by using the imperfect subjunctive (Subjunctive 2) of *werden* rather than the present tense:

Ich **würde** *die Bücher* **gekauft haben**.   I would have bought the books.

Wir **würden** *nicht* **eingestiegen sein**.   We would not have got on board.

The conditional perfect can also be formed by using the imperfect subjunctive of the auxiliary verbs *haben* or *sein*, plus a past participle (*ich würde ... haben = ich hätte, ich würde ... sein = ich wäre*):

Ich **hätte** *eine E-Mail* **geschrieben**.   I would have sent an e-mail.

Ich **wäre** *nach Berlin* **gefahren**.   I would have travelled to Berlin.

You can use the conditional perfect to express a wish relating to the past (if only ...). Start with the auxiliary verb:

Hätte *ich nur diese SMS nicht geschrieben!*   If only I hadn't sent that text!

Wäre *ich nur nicht zu Fuß* **gegangen**, *dann wäre ich früher angekommen*.   If I hadn't walked I'd have arrived earlier.

4.8   The passive voice

Many ideas can be expressed in either the active or the passive form. The active form often places the emphasis on the person or thing initiating an action, while the passive form places the emphasis on the person or thing on the receiving end of an action. In English, for example, 'My mother bought the car' is active and 'The car was bought by my mother' is passive.

Das Bundesamt fördert die Integration von Migranten. (active)

Die Integration von Migranten wird vom Bundesamt gefördert. (passive)

In German, as in English, the passive is formed by combining a past participle with the appropriate tense of the auxiliary verb. However, the auxiliary verb in German is *werden* whereas in English it is 'to be'.

Sie beseitigen Klischees und Vorurteile. (active)

Klischees und Vorurteile werden beseitigt. (passive)

Present tense

ich werde ... gesehen	I am (being) seen
du wirst ... gesehen	you are (being) seen
er/sie/es wird ... gesehen	he/she/it is (being) seen
wir werden ... gesehen	we are (being) seen
ihr werdet ... gesehen	you are (being) seen
Sie/sie werden ... gesehen	they/you are (being) seen

Imperfect tense

ich wurde ... gesehen	I was seen
du wurdest ... gesehen	you were seen
er/sie/es wurde ... gesehen	he/she/it was seen
wir wurden ... gesehen	we were seen
ihr wurdet ... gesehen	you were seen
Sie/sie wurden ... gesehen	they/you were seen

Perfect tense

ich bin ... gesehen worden	I have been/was seen
du bist ... gesehen worden	you have been/were seen
er/sie/es ist ... gesehen worden	he/she/it has been/was seen
wir sind ... gesehen worden	we have been/were seen
ihr seid ... gesehen worden	you have been/were seen
Sie/sie sind ... gesehen worden	they/you have been/were seen

Pluperfect tense

ich war ... gesehen worden	I had been/was seen
du warst ... gesehen worden	you had been/were seen
er/sie/es war ... gesehen worden	he/she/it had been/was seen

wir waren … gesehen worden	we had been/were seen
ihr wart … gesehen worden	you had been/were seen
Sie/sie waren … gesehen worden	they/you had been/were seen

Future tense

ich werde … gesehen werden	I will be seen
du wirst … gesehen werden	you will be seen
er/sie/es wird … gesehen werden	he/she/it will be seen
wir werden … gesehen werden	we will be seen
ihr werdet … gesehen werden	you will be seen
Sie/sie werden … gesehen werden	they/you will be seen

The **passive infinitive** is formed by combining the past participle of the verb with the infinitive *werden*. It is used with modal verbs:

Sie können unterstützt werden.   They can be supported.

Er musste bezahlt werden.   He had to be paid.

Das darf nicht vergessen werden.   That mustn't be forgotten.

4.9 Imperatives

The imperative is used to give instructions and commands. In German the imperative or command form of each verb exists in three forms: *du*, *ihr* and *Sie*.

The *du*-form of the imperative is formed by taking the *du* form of the present tense and deleting the *-st*. However, where the vowel is *-a-* in the infinitive but *-ä-* in the *du* form, then the vowel in the imperative is *-a-*, i.e. the same as the infinitive. The reflexive pronoun *dich* or *dir* comes after the verb, but before the reflexive pronoun if there is one.

The *ihr*-form of the imperative is always the same as the normal *ihr* form of the verb, but with the *ihr* omitted, e.g. *Kommt! Lest! Beeilt euch!*

The *Sie*-form of the imperative is the same as the normal *Sie* form of the verb, but with the *Sie* after the verb, e.g. *Kommen Sie! Lesen Sie! Beeilen Sie sich!*

kommen	*du kommst*	*Komm!*
zeigen	*du zeigst*	*Zeig!*
sich beeilen	*du beeilst dich*	*Beeil dich!*
arbeiten	*du arbeitest*	*Arbeite!*
reden	*du redest*	*Rede!*
fahren	*du fährst*	*Fahr!*
abnehmen	*du nimmst ab*	*Nimm ab!*
sich anziehen	*du ziehst dich an*	*Zieh dich an!*

The imperative forms of *sein* are: *Sei! Seid! Seien Sie!*

4.10 The subjunctive

The subjunctive is used particularly in reported speech, i.e. telling the reader or listener what someone has said. The tense is divided into Subjunctive 1 (*Konjunktiv 1*) and Subjunctive 2 (*Konjunktiv 2* or the imperfect subjunctive). Subjunctive 1 is used to express reported speech when the subjunctive form is different from the normal present tense.

There is no distinction between regular and irregular verbs. They all follow the same pattern except for *sein* which is irregular (see the past tense section below). Modern English has only a few remaining examples of the subjunctive, e.g. 'If I were you …'.

In German, use of the subjunctive also indicates that the words being reported may not be true – the reader or listener must judge for themselves. It is also used with the subordinating conjunction *als ob* (as if), to show that a state/action being talked about is not a reality. In practice, it really does not matter which tense of the subjunctive is used. Because so many forms of the subjunctive are the same as the indicative (present tense), the overriding rule is that a tense should be used which can be **seen** to be subjunctive.

- **Subjunctive 1**

	Present tense	Subjunctive 1
ich	*spiele*	*spiele*
du	*spielst*	*spielest*
er/sie/es	*spielt*	*spiele*
ihr	*spielt*	*spielet*
wir/Sie/sie	*spielen*	*spielen*

Er sagte: „Ich spiele morgen Fußball.“ He said: "I'm playing football tomorrow."

Er sagte, er spiele morgen Fußball.   He said he's playing football tomorrow.

The important verbs *haben* and *sein* form the present subjunctive as follows:

haben	**sein**
ich habe	*ich sei*
du habest	*du seiest*
er/sie/es habe	*er/sie/es sei*
ihr habet	*ihr seiet*
wir/Sie/sie haben	*wir/Sie/sie seien*

Sie sagte: „Ich glaube, er hat blaue Augen."
She said: "I think he has blue eyes."

Sie sagte, sie glaubt, er habe blaue Augen.
She said she thinks he has blue eyes.

Er sagte: „Der Täter ist blond."
He said: "The culprit is blond."

Er sagte, der Täter sei blond.
He said the culprit is blond.

If the speaker's words were in the past tense, the reported speech uses Subjunctive 1 with the appropriate past participle:

Er sagte: „Ich habe das Handy nicht gestohlen."
He said: "I didn't steal the mobile phone."

Er sagte, er habe das Handy nicht gestohlen.
He said he didn't steal the mobile phone.

Er sagte: „Ich habe letzte Woche Fußball gespielt."
He said: "I played football last week."

*Er sagte, er **habe** letzte Woche Fußball **gespielt**.*
He said he played football last week.

*Sie sagte: „Ich bin gestern nach Berlin **geflogen**."*
She said: "I flew to Berlin yesterday."

*Sie sagte, sie **sei** gestern nach Berlin **geflogen**.*
She said she flew to Berlin yesterday.

Sie sagte: „Ich meinte, er war sehr aggressiv."
She said: "I thought he was very aggressive."

Sie sagte, dass sie meinte, dass er sehr aggressiv gewesen sei.   She said that she thought he was very aggressive.

- **Subjunctive 2**

If Subjunctive 1 is the same as the present tense, the Subjunctive 2 forms are used instead to make it clear that it is reported speech. The form of **Subjunctive 2 weak verbs** is identical to the Simple past (imperfect) tense.

	Imperfect	Subjunctive 2
ich	*machte*	*machte*
du	*machtest*	*machtest*
er/sie/es	*machte*	*machte*

For **Subjunctive 2 strong verbs** the following endings are added to the imperfect stem. If the vowel of the stem is a/o/u, an Umlaut is also added:

	kommen	*gehen*	*geben*
ich	*käme*	*ginge*	*gäbe*
du	*kämest*	*gingest*	*gäbest*
er/sie/es	*käme*	*ginge*	*gäbe*
ihr	*kämet*	*ginget*	*gäbet*
wir/Sie/sie	*kämen*	*gingen*	*gäben*

„Wir kommen zur Party", sagten Toby und Petra.
"We're coming to the party", said Toby and Petra.

*Toby und Petra sagten, sie **kämen** zur Party.*
Toby and Petra said they are coming to the party.

Everything that is said should be put into the subjunctive. If perfect and/or pluperfect tenses are in the original words, this should be reflected in the reported speech:

„Wir sind zur Party gegangen, nachdem wir unsere Arbeit gemacht hatten", sagten die Mädchen.
"We went to the party after we had finished our work", said the girls.

*Die Mädchen sagten, sie **seien** zur Party gegangen, nachdem sie ihre Arbeit **gemacht hätten**.*
The girls said they went to the party after they had finished their work.

The imperfect subjunctive is often used in conditional phrases:

*Das **wäre** prima!*   That would be great!

*Ich **hätte** gerne etwas Billigeres.*   I would like to have something cheaper.

*Das **wäre** es, danke.*   That's everything, thank you. (That would be it, thank you).

***Hätten** Sie etwas Zeit für mich?*   Have you (would you have) any time for me?

Wenn ich mehr Zeit hätte, dann würde ich …
If I had more time, I would …

- **Pluperfect subjunctive**

You can use the pluperfect subjunctive (*hätte/n* or *wäre/n* + participle) to say what you would have done in the past if things had been different.

*Ich **wäre** ins Kino gegangen, wenn es **geregnet hätte**.*   I would have gone to the cinema, if it had rained.

*Ich **hätte** einen Mercedes gekauft, wenn ich im Lotto **gewonnen hätte**.*   I would have bought a Mercedes if I had won the lottery.

4.11 Reflexive verbs

Reflexive verbs are far more common in German than in English. Few English verbs require a reflexive pronoun (myself, yourself, himself, etc.). Often, the German reflexive pronoun cannot be translated directly into English. The reflexive pronoun is usually accusative, e.g. *Ich wasche **mich.*** The reflexive pronoun is in the dative case, however, if the sentence already contains an accusative object, e.g. *Ich wasche **mir** die Hände.* The dative reflexive pronoun indicates 'whose' hands are being washed. The hands are the object.

- In the perfect and pluperfect tenses, reflexive verbs use the auxiliary verb *haben* because they tend to be transitive verbs with an object, e.g. *Ich habe mich gewaschen.*

- Note the imperative forms: *Wasch dich! Wascht euch! Waschen Sie sich!*

- Some verbs can be used with either a dative or accusative pronoun, often with a difference in meaning, e.g. *sich vorstellen* (to introduce oneself, to imagine):

*Darf ich **mich** vorstellen?*   May I introduce myself?

*Ich kann **mir** vorstellen, dass Sie traurig sind.*
I can imagine that you feel sad.

- The reflexive pronoun should come as close to the subject of the sentence as possible, since that is what it refers to. In a main clause this is after the main verb. In a subordinate clause it will probably be adjacent to the actual subject. If the subject is a noun, it may even come before the subject:

*Ich interessiere **mich** für Fußball.*   I am interested in football.

*Weil ich **mich** für Fußball interessiere, sehe ich mir oft die Sportsendungen im Fernsehen an.*   Because I am interested in football, I often watch sport programmes on TV.

*Weil **sich** mein Sohn für Fußball interessiert, spielt er in der Schulmannschaft.*   Because my son is interested in football, he plays for the school team.

- In their infinitive form, reflexive verbs always begin with the word *sich*:

sich waschen   to get washed

sich anziehen   to get dressed

Present tense		Imperfect tense	
sich kämmen	to comb one's hair	*sich erholen*	to recover
*ich kämme **mich***		*ich erholte **mich***	
*du kämmst **dich***		*du erholtest **dich***	
*er/sie/es kämmt **sich***		*er/sie/es erholte **sich***	
*ihr kämmt **euch***		*ihr erholtet **euch***	
*wir kämmen **uns***		*wir erholten **uns***	
*Sie kämmen **sich***		*Sie erholten **sich***	
*sie kämmen **sich***		*sie erholten **sich***	

Perfect tense		Future tense	
sich beeilen	to hurry up	*sich anziehen*	to get dressed
*ich habe **mich** beeilt*		*ich werde **mich** anziehen*	
*du hast **dich** beeilt*		*du wirst **dich** anziehen*	
*er/sie/es hat **sich** beeilt*		*er/sie/es wird **sich** anziehen*	
*ihr habt **euch** beeilt*		*ihr werdet **euch** anziehen*	
*wir haben **uns** beeilt*		*wir werden **uns** anziehen*	
*Sie haben **sich** beeilt*		*Sie werden **sich** anziehen*	
*sie haben **sich** beeilt*		*sie werden **sich** anziehen*	

4.12 Impersonal verbs

There are a large number of verbs which are exclusively or commonly used impersonally, with the indefinite subject *es*. Some of these verbs you will use as a matter of course; verbs referring to the weather and *es ist/sind* and *es gibt* are regularly used. Many are followed either by a clause beginning with *dass* or an infinitive with *zu*.

es bedarf (+ genitive) ...	I/we etc. need ...
es fällt mir leicht/schwer	I find it hard/easy
es fehlt mir an etwas	I lack something
es freut mich	I am pleased
es gefällt mir	I like it
es geht um ...	it's about ...
es gelingt mir, ... zu machen.	I succeed in doing ...
es gibt ...	there are ...
es gilt, etwas zu tun	the thing is to do something
es handelt sich um ...	it's about...
es heisst, dass ...	it is said that...
es kommt auf etwas an	it depends on something
es kommt zu (+ dative) ...	... occurs
es ist mir egal	it's all the same to me
es ist mir warm/kalt	I am warm/cold
es liegt an etwas	it is due to something
es lohnt sich	it's worth it
es machts nichts	it doesn't matter
es macht mir Spaß	I enjoy it
es steht schlecht um ihn	things look bad for him
es tut mir leid	I'm sorry

4.13 Separable verbs

(See Present tense Section 4.1 Separable verbs)

4.14 Infinitive constructions

In German reference materials you will often find expressions in the infinitive form. When using them you may need to change the endings on the words (different cases/pronouns/verb endings) as well as the word order. Remember that *jdm* is short for *jemandem* ('someone') and therefore dative, and *jdn* short for *jemanden* and accusative:

vor jdm Respekt zeigen	→	**Ich zeige** Respekt vor **meiner** Mutter. Notice that the verb is the second idea. Vor takes the dative (as shown also by jdm) and therefore alters the ending on meine.
sich mit jdm gut verstehen	→	Er versteht sich nicht gut mit **seinem** Stiefvater. Once again the verb is the second idea (with the reflexive part) and mit needs the dative masculine form of sein.
mit jdm gut auskommen	→	Sie kommt gut mit ihrer Mutter **aus**. Here the separable part of the verb also needed to be taken into account.
jdn	→	Er muss jemanden mitnehmen. Here jemanden is the accusative in the sentence.

The infinitive with *zu*

The infinitive is used with *zu*:

- when it links back to a verb that is **not** a modal verb, e.g. *beschließen, vorhaben, versuchen*, including impersonal phrases such as *es ist angenehm*;

- in the constructions *um … zu* (in order to), *ohne … zu* (without) and *anstatt … zu* (instead of).

  Welchen Sport sollte man wirklich treiben, um schlank **zu bleiben**? Which sport should you do to stay slim?

Lassen with infinitive

Lassen has the meaning of letting or allowing someone to do something:

Er lässt mich mit seinem Computer spiele. He lets me play with his computer.

Lassen can also have the meaning of having something done or of getting someone to do something for you. In this case it is often used together with a reflexive verb:

Ich lasse mir die Haare schneiden. I am having my hair cut.

In the perfect tense, *lassen* remains in the infinitive form and goes at the end of the sentence:

Ich habe mir die Haare schneiden lassen. I have had my hair cut.

Lassen can also be used as a reflexive verb, usually in the third person, with the meaning 'that can be done':

Das lässt sich machen. That can be done.

Das Buch lässt sich leicht lesen. The book can be read easily.

5 Negative forms

- *Nicht* is frequently used when you want to express the negative. It is normally placed immediately after the verb:

  Ich fahre **nicht** *mit dem Rad.* I don't travel by bike.

  Wir bleiben **nicht** *zu Hause.* We're not staying at home.

- If you start a sentence with a phrase of time or place and use verb inversion, the *nicht* tends to come immediately after the inverted verb:

  Nächsten Sonntag fahren wir **nicht** *nach Bonn.* We are not going to Bonn next Sunday.

  Letzte Woche sind wir **nicht** *aus dem Haus gegangen.* Last week we didn't go out of the house.

- *Kein* is used to express 'none' or 'not any' (see Section 1.5). *Kein* is case sensitive and changes accordingly to *keinen, keinem, keines*, etc.:

  Ich habe im Moment **keinen** *Hund.* At the moment I don't have a dog.

  Wir haben **keine** *Zeit gehabt.* We haven't had any time.

- *Niemals* or *nie* are used for 'never':

  Wir sind **nie(mals)** *nach Amerika geflogen.* We have never flown to America.

  Sowas machen wir **nie(mals).** We never do that sort of thing.

- *Kaum* is used to express 'hardly' or 'seldom' and is not case sensitive:

  Wir essen **kaum** *Fisch.* We eat hardly any fish.

  Ich habe **kaum** *geschlafen.* I hardly slept.

  Ich gehe **kaum** *zur Schule.* I seldom go to school.

6 Interrogative forms

There are many different ways to form questions in German.

- Forming questions which can be simply answered by 'yes' or 'no'.

  For these you simply swap the verb and the subject around so that the verb goes at the beginning of the sentence. The verb ending has to correspond to the subject that follows. English often uses the verb 'do' for this type of question (see the English translations below), but German never uses the equivalent of the verb 'do' to help form the questions.

  Trägst du gern Jeans? Do you like wearing jeans?

Haben Sie ein schwarzes Kleid?   Have you got (Do you have) a black dress?

Fährt er morgen nach Düsseldorf?   Does he go (Is he going) to Düsseldorf tomorrow?

- Forming questions which require more, and more specific, information.

For these you should use the following question words at the beginning of the sentence, which are then followed by the verb.

was	what
was für + noun	what kind of/sort of + noun
warum	why
wann	when
welcher/e/es (+ noun)	which (+ noun)
wie	how
wie lange	how long
wie viel	how much
wie viele	how many
wo	where
wohin	where to
woher	where from
inwiefern	to what extent

As in English, the word for 'who' changes according to case.

wer	who (nom.)
wessen	whose (gen.)
wem	to whom (dat.)
wen	whom (acc.)

Wessen Geländewagen ist das?   Whose cross-country vehicle is that?

Für wen haben Sie das getan?   For whom did you do that?

- Forming questions with **womit, wovon, worauf, wofür**, etc.

These question words need to be used when you have verbs with a fixed preposition, e.g. *kämpfen für*, etc.

Wofür kämpfen Sie?   What are you fighting for?

Worauf warten Sie?   What are you waiting for?

- Forming questions with question words which ask for the accusative and dative objects of the sentence.

Ich schenke meinem Freund einen neuen Pullover.	I'm giving a jumper to my boyfriend as a present.
Was *schenkst du deinem Freund?*	**What** are you giving your boyfriend as a present?
Wem *schenkst du einen neuen Pullover?*	**To whom** are you giving a new jumper as a present?
Ich schicke meiner Mutter meinen Freund zum Helfen.	I send my boyfriend to my mother to help her.
Wen *schickst du deiner Mutter zum Helfen?*	**Who(m)** do you send to your mother to help?
Wem *schickst du deinen Freund?*	**To whom** are you sending your boyfriend to help?

7 Prepositions

In German, prepositions determine the case of the noun or pronoun that follows them.

Prepositions followed by the accusative

bis	until	*bis Montag, den 30. November*
durch	through	*durch die Stadt*
entlang	along (follows the noun)	*die Straße entlang*
für	for	*für die Kinder*
gegen	against	*gegen das Internet*
ohne	without	*ohne meine Hilfe*
um	around, at (time)	*um den Park*
wider	against	*wider die Todesstrafe*

*Dauergifte werden **um die** Erde transportiert.*
Toxic substances are transported around the world.

Prepositions followed by the dative

ab	from (time)	*ab nächster Woche*
aus	from, out of	*aus der Schule*
außer	apart from	*außer meinen Eltern*
bei	at the house of, with	*bei Ihnen*
dank	thanks to (or + genitive)	*dank unserem Breitband-Anschluss*
gegenüber	opposite (can follow the noun)	*gegenüber der Kirche*
mit	with	*mit dieser Technologie*
nach	after, according to	*meiner Meinung nach*

seit	since, for	*seit einem Monat*
von	of, from	*von mir*
zu	to	*zu den Zügen*

*Stickoxide **aus der** Landwirtschaft erzeugen Algenteppiche.*   Nitrogen oxide from agriculture produces algae slicks.

Prepositions followed by the dative if no motion is described, or the accusative if motion is described

an	at, on, to	*Warten Sie an **der** Ampel.* (dative) *Fahren Sie an **die** Ampel.* (accusative)
auf	on, to	*Was ist das auf **dem** Tisch?* (dative) *Er stellt das Essen auf **den** Tisch.* (accusative)
hinter	behind	*Er stand hinter **der** Mauer.* (dative)
in	in, into	*Es gibt viele Feinstaubpartikel **in der** Luft.* (dative – **in** the air) *CO_2 gelangt **in die** Luft.* (accusative – **into** the air)
neben	next to	*Wir treffen uns neben **der** Post.* (dative)
über	over, about	*Ein blaues Schild hing über **der** Tür.* (dative) *Gehen Sie über **die** Straße.* (accusative)
unter	under, among	*Die Geschenke liegen unter **dem** Bett.* (dative) *Die Maus ist unter **das** Bett gelaufen.* (accusative)
vor	in front of, ago	*Sie steht vor **der** Kasse.* (dative) *Stellen Sie sich vor **die** Kasse.* (accusative)
zwischen	between	*Sie sitzt zwischen **den** Jungen.* (dative) *Setz dich zwischen **die** Jungen.* (accusative)

- Sometimes these prepositions have a non-literal meaning, e.g. the *auf* in *sich freuen auf* does not mean 'on top of'. For those instances it is best to learn the case with each verb or adjective:

sich freuen auf + accusative	to look forward to
sich freuen über + accusative	to be pleased about
sich erinnern an + accusative	to remember

warten auf + accusative	to wait for
Angst haben vor + dative	to be scared of
schützen vor + dative	to protect from/ against
sich engagieren für + accusative	to be/become committed to

Prepositions followed by the genitive

außerhalb	outside	*außerhalb der Stadtmitte*
dank	thanks to (or + dative)	*dank des Fördervereins*
innerhalb	inside, within	*innerhalb der letzten drei Monate*
statt	instead of	*statt einer Spritze*
trotz	in spite of	*trotz meiner Bemühungen*
während	during	*während der Sendung*
wegen	because of	*wegen der hohen Kosten*
anlässlich	on the occasion of	*anlässlich seines Geburtstages*

Contractions of preposition + definite article

an + das = ans

an + dem = am

bei + dem = beim

in + das = ins

in + dem = im

von + dem = vom

zu + der = zur

zu + dem = zum

8 Clause structures

There are various rules governing the order of words in a sentence in German, usually relating to the position of the verb within the sentence.

- In a simple sentence, the main verb must always be the second idea of that sentence.

  *Ich **besuche** nächstes Jahr meine Freunde in Deutschland.*   I'm going to visit my friends in Germany next year.

- You can put almost any other part of a sentence at the beginning of the sentence, as long as the verb comes second and is then followed by the subject. This enables you to change the emphasis of what you are saying and adapt your style.

Nächstes Jahr **besuche** *ich meine Freunde in Deutschland.*

- When expressions of time (*am Nachmittag*), manner (*mit Freunden*), and place (*ins Kino*) occur after the verb, this order applies:

Time	Manner	Place
Ich gehe	*am Nachmittag*	*mit Freunden ins Kino.*

- Certain conjunctions (words that join sentences or clauses together) send the verb to the end of that sentence or clause, in which case the clause is normally called a subordinate clause. These conjunctions are: *weil* (because), *wenn* (when, if), *als* (when), *dass* (that), *ob* (whether), *obwohl* (although), *obgleich* (although), *während* (during), *bevor* (before), *bis* (until), *sobald* (as soon as), *damit* (so that), *falls* (in case), *nachdem* (after), *seitdem* (since).

Ich kaufe mir ein neues Kleid, **wenn ich** *genug Geld* **habe.** I'm going to buy a new dress if I have enough money.

Es ist schade, **dass du** *nicht mitkommen* **kannst.** It's a shame that you can't come along.

- If a subordinate clause starts the sentence, it counts as the first idea in the whole sentence and is then followed by the main verb.

Weil *ich nicht genug Geld* **habe,** **kaufe** *ich mir kein neues Kleid.* Because I've not got enough money, I'm not going to buy a new dress.

- A few conjunctions do not affect the position of the verb in the second clause. They are called co-ordinating conjunctions, and simply join two sentences (or clauses) together. These are *und, aber, denn, oder, sondern.*

Ich gehe heute in die Stadt, **denn** *meine Mutter* **kauft** *mir ein neues Kleid.* I'm going into town today because my mum is going to buy me a new dress.

9 Subordinate clauses and conjunctions

- A subordinate clause is a part of a sentence that cannot normally stand on its own, but is attached to a main clause by a subordinating conjunction such as 'after' or 'because'. In German the verb in a subordinate clause goes to the end of that clause, but the form of the verb does not change when it moves to the end of the sentence. There is normally a comma before the conjunction:

Sie **war** *1982 die zweitjüngste Profispielerin aller Zeiten.* In 1982 she was the second youngest

professional player of all time. → *..., indem sie 1982 die zweitjüngste Profispielerin aller Zeiten* **war.**

- Where there are two verbs in a subordinate clause, it is the one with a 'finite' ending, i.e. **not** an infinitive or past participle, which goes to the end:

Sie **wollte** *notleidende Kinder in der Dritten Welt unterstützen und* **fördern.** She wanted to support and promote needy children in the Third World. → *weil sie notleidende Kinder in der Dritten Welt unterstützen und* **fördern wollte.**

- When the verb is separable, the two parts are joined together to form a single word:

Sie **trat** *als Botschafterin dem WWF (World Wildlife Fund)* **bei.** She represented the WWF. → *... dass sie als Botschafterin dem WWF World Wildlife Fund* **beitrat.**

- If the subordinate clause introduces the sentence, the subject and verb of the main clause are then inverted, with a comma to separate the two clauses. This results in the 'verb – comma – verb' pattern:

Als sie 1987 die French Open **gewann,** **zählte** *sie schon zu den populärsten Sportlerinnen der Welt.* When she won the French Open in 1987, she was one of the most popular sportswomen in the world.

- Most common subordinating conjunctions:

als	when (one occurrence in the past)
als ob	as if
bevor	before
bis	until
da	as, since (often used at the beginning of a sentence)
damit	in order that, so that (intention)
dass	that
je	the (in phrases such as 'the harder I work...')
nachdem	after
ob	whether, if
obwohl, obgleich	although
seit, seitdem	since
so dass	so that (result)
sobald	as soon as
solange	as long as
während	while, whereas, during
weil	because

wenn	if, when (in the sense of 'whenever')
wie	as, how + relative pronouns *der, die, das* etc.

*Er redet, **als ob** er viel Geld habe./Er redet, **als** habe er viel Geld.*   He talks as if he has lots of money.

- Subordinate word order is also used after question words, e.g. *warum, wie,* in indirect questions, i.e. when we report someone's speech without quoting their actual words:

*Ich weiß nicht, **warum** das heute passiert **ist**.* I don't know why that has happened today. (compare with the direct question: **Warum ist** das heute passiert?   Why has that happened today?)

- It is not possible to place one subordinating conjunction directly after another. Instead each clause must be finished before the next one begins:

incorrect: *Ich war schlechter Laune, weil, als ich aufgestanden bin, das Wetter kalt war.*

correct: *Ich war schlechter Laune, weil das Wetter kalt war, als ich aufgestanden bin.*   I was in a bad mood because the weather was cold when I got up.

- The following are co-ordinating conjunctions and are therefore followed by normal word order:

aber	but
denn	because, for (a useful alternative to *weil*)
oder	or
sondern	but (following a negative statement)
und	and

- Words such as *also, auch* and *deshalb* are adverbs and are usually followed by inversion:

*Wir haben das Spiel verloren, **also waren wir** enttäuscht.*   We lost the game, so we were disappointed.

10 Use of *seit* and *seitdem*

- The word *seit* is used to express the length of time that an activity has been going on. The present tense is used if the activity is still going on:

Ich wohne seit acht Jahren in Manchester.   I have been living for eight years in Manchester (am still living there now).

- Use *seit* with the simple past to express what had happened at a previous time:

Ich arbeitete seit achtzehn Monaten in Bayern. I had worked for eighteen months in Bavaria.

- *Seit* is also used to translate 'since':

Wir haben die Kinder seit Weihnachten nicht gesehen.   We haven't seen the children since Christmas.

Seit letzter Woche haben wir nichts mehr von ihm gehört.   Since last week we haven't heard anything more from him.

- *Seitdem* is used adverbially and has the meaning 'since then':

Paul hat seine Frau seitdem nicht gesehen. Paul hasn't seen his wife since (then).

Seitdem sie die Schule abgebrochen hat, hat sie keine Arbeit gefunden.   Since she finished school she has not found any work.

11 Expressions of time

- Time phrases without a preposition are usually in the accusative case:

Wir waren drei Monate in Österreich.   We were in Austria for three months.

Sie hat den ganzen Tag am Strand verbracht. She spent the whole day at the beach.

Er kommt jeden Tag zu Besuch.   He visits every day.

- The genitive case is used in certain set expressions:

eines Tages, eines Nachts (even though *Nacht* is feminine)

- Prepositions are used as follows:

für + accusative: 'for' when looking into the future: *Morgen fahre ich für eine Woche in die Schweiz.*

um + accusative: 'at' with clock times: *um acht Uhr dreißig, um Mittag*

an + dative: 'on' with dates, days or parts of a day: *am Montag, am Nachmittag*

nach + dative: 'after': *nach vielen Jahren*

seit + dative: 'for' or 'since', usually referring to a period of time leading up to the present (see Section 8 for further information): *seit einer Woche, seit letztem Jahr*

vor + dative: 'ago': *vor Jahrhunderten*

in + dative: 'in' or 'at' in most other contexts: *in der Nacht, in drei Minuten, im Augenblick*

Glossar

A

abbauen *to dismantle*

abbauen *to mine*

das Abfallholz *unwanted/waste wood*

der Abfluss *run-off*

abgegeben *given off, generated*

abhauen *to leave (slang)*

das Abkommen(-) *agreement, treaty*

ablehnen *to decline, refuse*

die Abschreckung(en) *deterrent*

das Abschreckungsmittel *means of deterrent*

die Abstimmung(en) *vote*

abtreiben *to abort*

abzweigen *to divert, channel off*

achten auf (+ accusative) *to pay attention to, to make sure that*

der Ackerbau *agriculture, arable farming*

das All *space/the universe*

der Altersgenosse(n) *contemporary*

der Analphabetismus *illiteracy*

anerkennen *to recognise, acknowledge*

anerkennen *to acknowledge*

der Angriff(e) *attack*

die Anlage *equipment*

anlässlich *on the occasion of*

anpassen *to adapt*

die Anpassungsmaßnahme(-n) *adaptive measure*

anprangern *to denounce*

sich anreichern in (+ dative) *to accumulate in*

der Anschluss *connection, joining (hist. refers to the Third Reich's takeover of Austria)*

sich ansiedeln *to settle*

die Anstrengung(en) *effort*

der Anwerbestopp *recruitment ban*

das Anzeichen *indication*

der Arbeitnehmer(-) *employee*

ausländische(r) Arbeitnehmerin/Arbeitnehmer *guest worker*

die Arbeitsgenehmigung *work permit*

die Arbeitslosigkeit *unemployment*

in die Arme schließen *to embrace*

die Artenvielfalt *biodiversity, variety of species*

das asoziale Benehmen *anti-social behaviour*

der Asylantrag(¨e) *application for asylum*

die/der Asylbewerberin/Asylbewerber *asylum seeker*

der/die Atomkraftgegner/in(-/-nen) *opponent of nuclear power*

die Atommülllagerung *nuclear waste disposal*

die Atomwaffe(-n) *nuclear/atomic weapon*

aufbauen *to build (e.g. a life)*

aufführen *to stage, to perform*

die Aufführung *staging, performance*

aufgreifen *to pick up, to continue*

die Aufhebung *lifting*

aufrechterhalten *to maintain*

aufstauen *to dam (up)*

aufwerfen *to throw up/open, to raise (e.g. a question)*

aufzeichnen *to record*

der Ausbau *expansion/extension*

die Ausbeutung *exploitation*

die Auseinandersetzung(en) *argument*

ausgereift *sophisticated/developed*

ausgeschlossen *impossible/out of the question/excluded*

ausgrenzen *to exclude, to ostracise*

die Ausgrenzung *exclusion*

der Auslöser(-) *trigger*

der Außenhandel *foreign trade*

die Aussicht(en) *prospect*

die/der Aussiedlerin/Aussiedler(-) *ethnic German immigrant*

aussteigen aus (+ dative) *to pull/opt out of/to phase out*

sich (+ dative) aussuchen *to select*

die Autoabgase *(exhaust) fumes*

B

die Bahnhofsmission *charitable organisation at railway stations*

die Bauart *construction/design*

der Baumarkt(-märkte) *DIY store*

der Baustil *architectural style*

der Beauftragte, ein Beauftragter (adjectival noun) *representative*

bedrohen *to threaten*

sich befassen mit *to deal with*

die Befruchtung *fertilisation*

begabt *gifted*

begeistert aufgenommen *enthusiastically received/accepted*

der Begründer *founder*

die Behörde(n) *authority*

beibehalten *to maintain*

der Beifang *bycatch (fish caught by mistake)*

bejubeln *to cheer*

sich beklagen *to complain*

die Beleuchtung *lighting*

bereit *ready, prepared*

bergab *downhill*

die berufsbildende Schule(n) *vocational school*

beschimpfen *to insult, abuse*

beschlagnahmen *to confiscate*

betragen *to come to, to amount to*

betreuen *to look after*

betteln *to beg*

bewähren *to stand the test*

bewerfen *to throw something at somebody/something*

bewerten *to judge, to assess*

bewusst einsetzen *to use sensibly*

die Bildungseinrichtung(en) *educational establishment*

blühen *to bloom/be in blossom*

böse *bad*

in Brand setzen *to set fire to*

die Braunkohle *brown coal/lignite*

der Brunnen(-) *well*

das Bühnenbild(er) *stage set*

der Bundesstaat(en) *state (USA)*

D

die Dampfmaschine(-n) *(stationary) steam engine*

darstellen *to portray, represent*

das Dauergift(-e) *persistant organic pollutant (POP)*

deutlich *clear*

deutschstämmig *ethnicity*

die/der Deutschstämmige *person of German origin*

dichten *to write, to compose*

die Doppelhülle(-n) *double-skinned hull*

die Drehscheibe(n) *turntable*

durchpflügen *to plough through*

das Durchschnittseinkommen *average income*

E

das Edelholz(-hölzer) *high-grade wood*
einberechnen *to include/take account of*
der Einbruch(¨e) *burglary*
einen Film drehen *to shoot a film*
eingeschränkt *restricted*
eingesetzt werden *to be used*
sich einig sein über (+ *accusative*) *to agree on*
in Einklang bringen *to harmonise*
einpflanzen *to implant*
die Einsatzstelle(-n) *deployment location*
die Einschätzung(en) *assessment*
einsetzen *to bring into action, use*
sich einsetzen für (+ *accusative*) *to support*
einstig *past (adjective)*
als Einzelne *as an individual*
das Elend *misery*
das Elfenbein *ivory*
der Empfang *reception, welcome*
die Endlagerung *permanent disposal/ storage*
der Energiebedarf *energy requirement*
die Energieerzeugung *power production/generation*
sich engagieren *to get involved*
sich engagieren für *to be/become committed to*
sich entscheiden für (+ *accusative*) *to decide on*
sich entschließen zu (+ *dative*) *to make up one's mind about*
sich entsorgen lassen *to be disposed of*
entwerfen *to design, to draft*
das Entwicklungsland(-länder) *developing country*
der Entwurf *outline, sketch, draft*
der Entwurf *design*
erarbeiten *to work for*
die Erbkrankheit(en) *hereditary illness*
die Erfindung(en) *discovery*
erfolgreich *successful*
erforschen *to research*
erlassen *to declare*
ermitteln *to investigate (a criminal)*
ernähren *to feed*
erobern *to conquer/capture/take over/make a conquest of*
sich erweisen *to turn out to be*
erwischen *to catch (a criminal)*
erzeugen *to produce/manufacture*
die Erziehung *upbringing*
die EU-erweiterung nach Osten *eastward expansion of the EU*
die Existenzsicherung *safeguarding of one's livelihood*

F

die Feinstaubpartikel(-) *particulate matter*
festnehmen *to arrest*
der Fischbestand(-bestände) *fish population, stock*
der Flüchtling(e) *refugee*
das Förderland(-länder) *producing country*
fördern *to promote*
der Forscher(-) *researcher*
fossile Brennstoffe *fossil fuels*
Fossile Energieträger *fossil fuels*
die/der Fremde (*adjectival noun*) *alien (person in foreign country)*
Fuß fassen *to gain a foothold*

G

ganz zu schweigen (da)von *not to mention*
der Gastarbeiter(-) *guest worker*
der GAU *catastrophic accident/worst-case scenario*
geeignet für (+ *accusative*) *suitable, fit for*
gefühlsmäßig *emotional*
der Geländewagen(-) *four-by-four, off-road vehicle*
gemeinnützig *useful to the community*
das Gemeinschaftsprojekt(e) *community project*
der Gemeinschaftssinn *sense of community*
die Genehmigung *permission/ authorisation*
das Gerät(e) *gadget*
die Gerste *barley*
die Gesamtbilanz(en) *total balance/ account*
die Gewalt *violence*
der Gewaltakt(e) *act of violence*
die Gewalttat(en) *act of violence, outrage*
der Gipfel(-) *summit (meeting)*
das Gleichgewicht *balance*
der Gletscher(-) *glacier*
der Grenzwert(-e) *limit*
großzügig *generous*
die Großzügigkeit *generosity*
gründen *to establish*
das Grundgesetz *constitution*
die Grundlage(n) *foundation, basis*
die Grundschleppnetz-Fischerei *bottom trawling*
der Gruppenzwang *peer pressure*
die Gülle *liquid manure*
der Gutschein *voucher, token*

H

die Haft *custody/detention*
die Halbzeitbilanz(en) *midseason balance/accounts*
der Handel *trade*
die Handlungsmöglichkeit(-n) *possibility for action*
hartnäckig *persistent, obstinate*
das Heimweh *homesickness*
der Herzinfarkt(e) *heart attack*
hinrichten *to execute*
die Holzhackschnitzel-Anlage(-n) *wood-chip heating system*

I

die Immobilien(pl) *property*
die Innenräume *interior of a house*
inszenieren *to direct, to produce*
die Inszenierung *staging, direction*

J

jemandem etwas entwinden *to wrest something away from someone*
die jugendgerichtliche Anweisung *the instruction of a youth court*

K

das Kapitel(-) *chapter*
der karitative Verein(e) *charitable organisation*
der karitative Verein(e) *charitable organisation*
kiffen *to smoke pot (slang)*
der Klettverschluss(¨e) *Velcro fastening*
die Klimaanlage *air conditioning*
"Klimakatastrophe (der Kampf gegen eine weltweite Klimakatastrophe)" *the fight against global warming*
die Kluft *gap*
der Knast *prison/custody*
der Knast *prison (slang)*
das Knochengewebe *bone tissue*
das Kohlendioxid *carbon dioxide*
das Können der Schauspieler *actors' ability*
das Kontingent *allocation/share*
das Kraftwerk(-e) *power station*
das Kuheuter(-) *udder*
das Kyoto-Protokoll *international agreement on limiting greenhouse emissions*

L

die Landwirtschaft *agriculture, farming*
langfristig *long-term*
der Lauch *leek(s)*
die Lebensgrundlage *livelihood*
einen Lebensraum besorgen *to provide somewhere to live*
das Leid *suffering*
leiden *to suffer*
das Leitbild(er) *model (to be followed)*
leitungsgebunden *dependant on the grid*
leugnen *to deny*
liegen an (+ *dative*) *to be due to*
die Lösung(-en) *solution*
der Luftschadstoff(-e) *airborne, atmospheric pollutant*

M

die Macht der Verbraucher *consumer power*
mächtig *powerful*
die Machtübernahme *takeover, taking of power*
das Manuskript *manuscript*
das Markenzeichen(-) *trade mark*
die Massentierhaltung *intensive livestock farming*
mäßig *moderate*
die Maßnahme(-n) *measure*
das Meeresschutzgebiet(-e) *marine reserve*
der Meeresspiegel *sea-level*
der Mehrwegbecher(-) *reusable cup/ beaker*
Menschenrechte *human rights*
der Misserfolg(e) *failure*
das Mitglied *member*
mittelfristig *medium-term*
die Müllverbrennungsanlage(-n) *waste incineration plant*

N

nachholen *(here) to bring over (a person)*
in die Nahrungskette gelangen *to enter the food chain*
naturbelassene Wälder *natural woods*
neidisch *envious*
niederlassen *to settle*
der Notfall *emergency*
die Notschlafstelle(n) *emergency shelter*

O

obdachlos *homeless*
die Öffentlichkeitsarbeit *public relations, PR*
ökologisch sinnvoll *environmentally sound*
der ökologische Landbau *organic farming*
der Ökostrom *green energy/ electricity*
das Opfer(-) *victim*

P

die Parole(n) *slogan*
der Pendler (-) *commuter*
das Pfandsystem *system of refundable deposit on return*
pflegen *to look after*
der Pflegesektor *nursing*
der PKW(-s)/ Personenkraftwagen(-) *car*
prägen *to shape, to characterize, to mould*

Q

das Quecksilber *mercury*
die Quelle *spring*
die Querschnittslähmung *paraplegia*

R

sich rächen *to take revenge*
radioaktiv strahlen *to emit radiation*
im Rahmen (+ *genitive*) *within the scope of*
randalieren *to rampage*
der Raps *oilseed rape*
rausschmeißen *to throw out*
die Rechtsanwaltin(nen)/der Rechtsanwalt(¨e) *lawyer/ solicitor*
die Rechtswissenschaft(en) *jurisprudence*
der Redakteur *editor*
regieren *to govern*
die Regierung(en) *government*
der Regisseur *director, producer*
reichen *to be sufficient*
das Reichsfluchtsteuer(-) *the Reich flight tax (property tax on emigrants)*
rentabel *profitable*
die Rente *pension*
der Rentner (-) *pensioner*
die Rinderzucht *cattle farming*
risikofreudig *prepared to take risks*
der Rollstuhlfahrer(-) *wheelchair user*
die Rücknahme(n) *withdrawal*
der Ruß *soot*

S

die Sanitätssoldatin(nen)/der Sanitätssoldat(en) *soldier in medical corps*
der Sauerstoff *oxygen*
der Schaden(¨) *damage*
schätzen *to value*
die Schatzkammer(-) *treasure chamber*
schildern *to describe, to outline*
der Schlaganfall(¨e) *stroke*
die Schlagzeile(n) *headline*
das Schlaraffenland *land of milk and honey*
schließen *to close*
Ehe schließen *to enter into marriage*
der Schmierstoff(-e) *lubricant*
der Schritt(e) *step*
der Schrott *junk metal*
der Schulabschluss *school qualifications*
die Schuld *guilt*
die Schulden(pl) *debts*
schützen *to protect*
schützen vor (+ *dative*) *to protect against/from*
das Schwefeldioxid *sulphur dioxide*
das Schwellenland(-länder) *emerging nation, newly industrialised country*
in Schwung kommen *to start working*
sich selbst beibringen *to teach oneself*
der Selbstmord *suicide*
die Sicherheit *security*
die Sichtweise(n) *point of view*
der Siedler(-) *settler*
die Siedlung(en) *housing estate*
die Siegesfahne(n) *flag of victory*
der Solarkollektor(-en) *solar panel*
der Sondermüll *hazardous waste*
soziale Missstände *social evils*
die Sozialhilfe *benefit payments*
spalten *to split*
speichern *to store (up), e.g. energy*
die Speicherung *storing*
das Spenderorgan(e) *donated organ*
der Spruch(¨e) *slogan*
die Staatsanwaltschaft *prosecuting authorities*
die Stadtplanung *town planning*
die Stahlkette(-n) *steel chain*
der Stahlträger(-) *steel girder*
die Stammzelle(n) *stem cell*
ständig *constant(ly)*
die Steinwüste(-n) *stone desert*
das Stickoxid(-e) *nitric oxide*
die Stiftung(-en) *foundation, charity*
die Strafe(n) *punishment*

straffällig *punishable for a criminal offence*

die Straftat(en) *criminal offence*

der Stromausfall(¨e) *power cut*

die Stromerzeugung *generation of electricity, power production*

die Stromerzeugung *generation of electricity*

der Stundenlohn(¨e) *hourly pay*

sich stürzen auf *to pounce*

die Sucht(¨e) *addiction*

die Sünde *sin*

der Sündenbock(¨e) *scapegoat*

T

die Tabellenkalkulation(en) *spreadsheet*

der Tagebau *open-cast mining*

etw in die Tat umsetzen *to put sth into action*

der Täter(-) *culprit*

der Täter–Opfer–Ausgleich *mediation between perpetrator and victim of a crime*

die Teenagerschwangerschaft(en) *teenage pregnancy*

das Theaterstück *(stage) play*

der Tierschützer(-) *animal rights activist*

die Todesstrafe *the death penalty*

die Tragweite *consequences*

das Treibhausgas(-e) *greenhouse gas*

treibstoffsparend *petrol-saving/ fuel efficient*

türkischstämmig *of Turkish origin*

U

überfallen *to mug, attack*

die Übergangslösung(-en) *interim solution*

die Übergangszeit *period of transition*

der Überrest(e) *ruins*

überschwemmen *to swamp*

übersichtlich *clear*

übertragen *to convey, transmit*

die Überwachung *surveillance*

die Überwachung *surveillance, monitoring*

die Überwachungskamera(s) *surveillance camera*

überzeugt *convinced*

umbauen *to convert, alter*

der Umgang mit *the way of dealing with something*

umkippen *to tip over*

umleiten *to divert, redirect*

umwandeln *to change, to transform*

umwickeln *to wrap*

unbefangen *uninhibited*

unbehelligt *not bothered*

unentbehrlich *indispensable/ essential*

das Unkrautvernichtungsmittel(-) *herbicide (weed killer)*

Unmengen *(slang) massive amounts of*

unmittelbar *immediate*

unverziert *undecorated*

der Uranabbau *uranium extraction*

uraufführen *to give the first performance*

der Ursprung(¨e) *origin*

V

das Verbot (e) *prohibition*

der Verbrecher(n) *criminal*

die Vereinbarung(en) *agreement*

verfolgen *to pursue*

der Verfremdungseffekt(e) *alienation*

der Verkehrs- und Logistikstandort(e) *transport and logistics location*

vermitteln *to convey*

das Vermögen *fortune*

veröffentlichen *to publish*

verprügeln *to thrash*

verschlagen *to take (a person somewhere, often unexpected)*

aus Versehen *by mistake*

versorgen *to provide*

die Versorgungsunsicherheit *insecure supply*

das Versuchstier(e) *animal used for scientific research*

die Versuchung *temptation*

der Vertrag(¨e) *agreement, treaty*

verwandeln *to transform*

die Verwendungsmöglichkeit(-en) *possible use*

verwunden *to injure*

das Vieh *livestock*

die Vielfalt *variety*

voraussagen *to predict*

W

die Wachstumsregion(en) *growth area*

die Wärmeerzeugung *heat generation*

der Wellnesstourismus *health tourism*

der Weltraum *space*

die Wende *change, turning point (hist. refers to reunification of Germany in 1989)*

der Werbeträger(-) *advertiser*

die Werkstatt(¨e) *workshop*

wesentlich *considerably*

Wettbewerbsfähig *competitive*

widerspiegeln *to reflect*

widersprechen *to contradict*

der Widerspruch(¨e) *contradiction*

die Wiedervereinigung *reunification (of East and West Germany)*

der Wilderer(-) *poacher*

das Windrad(-räder) *windmill, wind turbine*

die Wirkung(en) *effect*

der Wirtschaftsstandort(e) *business location*

das Wirtschaftswachstum *economic growth*

das Wirtschaftswunder *economic miracle*

der Wissenschaftler(-) *scientist*

wissenschaftlich *scientific*

die Wurzel(n) *root*

Z

der Zaun(¨e) *fence*

das Zeitalter *time, era*

die Zellstoffplantage(-n) *pulpwood plantation (for paper production)*

ziehen nach *to move*

der Zuchtlachs(-e) *farmed salmon*

zugrunde liegen (+ *dative*) *to form the basis of*

zum einen/zum anderen *firstly/ secondly*

zunehmen *to increase*

zurückgehen *to decline (become worse)*

ist auf (+ *accusative*) zurückzuführen *can be traced back to*

der Zusammenhalt *cohesion*

Acknowledgements

The authors and publisher would like to thank all those whose help has contributed to the development and publication of this book.
In particular:
Marieke O'Connor for editing the materials

The author and publisher would also like to thank the following for permission to reproduce material:
p9, www.greenpeace.de; p14, www.greenpeace.de; p28, www.germanwatch.org; p30, www.stiftungnaturschutz.de; p30, http://www.wien.gv.at/vtx//rk?SEITE=020080528024; p34, Engelmann, B., *Du Deutsch? Geschichte der Ausländer in Deutschland*, 2004; p36, http://www.scheinschlag.de/archiv/2002/10_2002/texte/16.html; p38, http://www.eurotopics.net/de/magazin/wirtschaft-verteilerseite-neu/migration_2007_11/hintergrundtext_arbeitnehmerfreizuegigkeit_2007_01; p41, Statistisches Bundesamt; p42 www.magazine-deutschland.de; p 44, http://www.presse.uni-oldenburg.de/24677.html; p44 http://www.eurasischesmagazin.de/artikel/?artikelID=20080314; p52, http://www.wnb-herford.de/emmp/euromig/hf/vorurt/allg/vorurdef.htm; p54, http://www.d-a-s-h.org/projekte

Front cover photograph courtesy of Alamy/ Avatra Images

Photographs courtesy of:
p9 © Laurin Rinder – Fotolia.com (top & p16); p10 © Laurin Rinder – Fotolia.com; p12 (top) © Catprint Cartoonline GmbH, (bottom) © iStockphoto.com / anzeletti; p13 © iStockphoto.com / smokingdrum; p14 (top) © Ieva Geneviciene – Fotolia.com, (bottom) © Peter38 – Fotolia; p17 © suzannmeer – Fotolia.com (top & p24); p18 (top) © iStockphoto.com / 36clicks, (icons) © iStockphoto.com / browndogstudios; p20 (left) © iStockphoto.com / dra_schwartz, (right) © moodboard – Fotolia.com; p22 © carole castelli; p25 (top & p32) © iStockphoto.com / jusant; p26 © iStockphoto.com / Lingbeek; p28 (top) © Catprint Cartoonline GmbH, (left) © marie1986laure – Fotolia.com; p30 © Robin Wood; p33 (top & p40) © vario images GmbH & Co.KG / Alamy, (middle) © iStockphoto.com / ericsphotography, (bottom middle) © iStockphoto.com / belknap, (bottom right) © Ray Roberts / Rex Features; p34 © iStockphoto.com / asiseeit; p36 © naumoid – bigstockphoto.com; p41 (top & p48) © Hisham Ibrahim / Photov.com / Alamy, (bottom) © iStockphoto.com / jane; p42 © McCanner / Alamy; p44 © darrenmbaker – bigstock; p45 © iStockphoto.com / bluecue; p46 © vario images GmbH & Co.KG / Alamy; p49 (top & p56) © Friedemann Vogel / Getty Images, (bottom) © Klaus Stuttmann; p50 © David Hoffman Photo Library / Alamy, (inset) © Timm Schamberger / Getty Images; p52 (left) © Germany Images David Crossland / Alamy, (right) © iStockphoto.com / tacojim; p54 (top left) © Deutsche Bank Skyliners GmbH, (middle left) © Bayerischer Fußball-Verband; p57 (top & p64) © BP / Taxi / Getty Images; p58 (top right) © Der Spiegel, (bottom left) © Yuri Arcurs – Fotolia.com; p59 © Saniphoto – Fotolia.com; p60 © iStockphoto.com / LeggNet; p63 © Jenny Matthews / Alamy; p65 (top & p72) © Reuters / Corbis; p66 © iStockphoto.com / JWR; p67 © iStockphoto.com / JWR; p68 © iStockphoto.com / barsik; p69 © Black Star Yavuz Arslan – Alamy; p70 (middle) © iStockphoto.com / ericsphotography, (middle right) © iStockphoto.com / Chiyacat; p73 (top & p80) © iStockphoto.com / Caval, (middle) © Performance Image / Alamy, (middle right) © Mark Scheuern / Alamy, (bottom left) © britvich – bigstockphoto; p74 © SynerComm / Alamy; p75 © Horizon International Images Limited / Alamy; p76 © iStockphoto.com / Raycat; p78 © imagebroker / Alamy; p79 © imagebroker / Alamy; p81 (top) © Eishier – Fotolia.com, (middle–top right)© iStockphoto.com / digital_eye, (middle–bottom right) © stirliz – bigstockphoto.com, (bottom) © iStockphoto.com / nojustice; p82 (top) © aidasonne – Fotolia, (middle left) © sunset man – Fotolia, (middle) © Ralf Gosch – Fotolia, (middle right) © iStockphoto.com / hsvrs; p83 © André Thölken – Fotolia; p84 (top) © kirschy – Fotolia, (bottom) © imagepassion – Fotolia; p85 © Dario Bajurin – Fotolia; p86 (middle left) © The Print Collector / Alamy, (bottom left) © Keystone / Hulton Archive / Getty Images; p87 © Imagno / Hulton Archive / Getty Images; p88 (left) © iStockphoto.com / naphtalina, (right) © Chris Niedenthal / Time & Life Pictures / Getty Images, (bottom) © Tom Stoddart Archive; p89 © Caro / Alamy; p90 (top right) © iStockphoto.com /keeweeboy, (right) Hans Peter Richter: Damals war es Friedrich. © for the cover photo by Jan Roeder: 1998 Deutscher Taschenbuch Verlag GmbH & Co. KG, Munich / Germany; p91 © Carlo Süßmilch – Fotolia; p92 © Gaetan Bally / Keystone / Corbis; p93 König / Straube / Taylan: Oya. Cover photo by Jan Roeder © 1988 Deutscher Taschenbuch Verlag GmbH & Co. KG, Munich / Germany; p94 (middle left) © Roger-Viollet / Rex Features, (bottom left) © World History Archive / Alamy; p95 © Lipnitzki / Contributor; p96 (top left) © Keystone / Stringer, © (bottom left) Warner Bros / The Kobal Collection / Curran, Douglas; p97 © Photos 12 / Alamy; p98 © Content Mine International / Alamy; p99 © Photos 12 / Alamy; p100 (top right) © Heidi Baldrian – Fotolia, (bottom) © imagebroker / Alamy Karl F. Schöfmann; p101 © INTERFOTO Pressebildagentur / Alamy

Every effort has been made to trace the copyright holders but the publisher will be pleased to make the necessary arrangements at the first opportunity if there are any omissions.